ATRAVESSANDO O ABISMO

LIVROS DE GEOFFREY A. MOORE

Escape Velocity
Dealing with Darwin
Dentro do Furacão
Living on the Fault Line
The Gorilla Game

LISTADO ENTRE OS TOP 10 LIVROS DE MARKETING DE TODOS OS TEMPOS, DA INC. MAGAZINE

TRADUÇÃO DA 3ª EDIÇÃO

ATRAVESSANDO O ABISMO

TODOS OS EXEMPLOS DAS
HISTÓRIAS DE SUCESSO DO
SÉCULO XXI SÃO NOVOS

PREFÁCIO DE
THIAGO REIS
CEO da Growth Machine

MARKETING E VENDA DE PRODUTOS DISRUPTIVOS
PARA CLIENTES TRADICIONAIS

GEOFFREY A. MOORE

ALTA BOOKS
E D I T O R A
Rio de Janeiro, 2021

Atravessando o Abismo – Tradução da 3ª Edição
Copyright © 2021 da Starlin Alta Editora e Consultoria Eireli. ISBN: 978-85-508-1395-0

Translated from original Crossing the Chasm, Third Edition. Copyright © 1991, 1999, 2002, 2014 by Geoffrey A. Moore. ISBN 978-0-06-229298-8. This translation is published and sold by permission of HarperBusiness, an imprint of HarperCollinsPublishers, the owner of all rights to publish and sell the same. PORTUGUESE language edition published by Starlin Alta Editora e Consultoria Eireli, Copyright © 2021 by Starlin Alta Editora e Consultoria Eireli.

Todos os direitos estão reservados e protegidos por Lei. Nenhuma parte deste livro, sem autorização prévia por escrito da editora, poderá ser reproduzida ou transmitida. A violação dos Direitos Autorais é crime estabelecido na Lei nº 9.610/98 e com punição de acordo com o artigo 184 do Código Penal.

A editora não se responsabiliza pelo conteúdo da obra, formulada exclusivamente pelo(s) autor(es).

Marcas Registradas: Todos os termos mencionados e reconhecidos como Marca Registrada e/ou Comercial são de responsabilidade de seus proprietários. A editora informa não estar associada a nenhum produto e/ou fornecedor apresentado no livro.

Impresso no Brasil — 1ª Edição, 2021 — Edição revisada conforme o Acordo Ortográfico da Língua Portuguesa de 2009.

Produção Editorial Editora Alta Books **Gerência Editorial** Anderson Vieira **Gerência Comercial** Daniele Fonseca	**Produtor Editorial** Illysabelle Trajano Thiê Alves **Assistente Editorial** Thales Silva	**Marketing Editorial** Livia Carvalho Gabriela Carvalho marketing@altabooks.com.br **Coordenação de Eventos** Viviane Paiva comercial@altabooks.com.brw	**Editor de Aquisição** José Rugeri j.rugeri@altabooks.com.br
Equipe Editorial Ian Verçosa Luana Goulart Maria de Lourdes Borges Raquel Porto Rodrigo Dutra	**Equipe de Design** Larissa Lima Marcelli Ferreira Paulo Gomes	**Equipe de Comercial** Daiana Costa Daniel Leal Kaique Luiz Tairone Oliveira Vanessa Leite	
Tradução Evelina Machado **Copidesque** Vivian Sbravatti	**Revisão Gramatical** Fernanda Lutfi Kamila Wozniak	**Capa** Larissa Lima	**Diagramação** Lucia Quaresma

Publique seu livro com a Alta Books. Para mais informações envie um e-mail para autoria@altabooks.com.br

Obra disponível para venda corporativa e/ou personalizada. Para mais informações, fale com projetos@altabooks.com.br

Erratas e arquivos de apoio: No site da editora relatamos, com a devida correção, qualquer erro encontrado em nossos livros, bem como disponibilizamos arquivos de apoio se aplicáveis à obra em questão.

Acesse o site **www.altabooks.com.br** e procure pelo título do livro desejado para ter acesso às erratas, aos arquivos de apoio e/ou a outros conteúdos aplicáveis à obra.

Suporte Técnico: A obra é comercializada na forma em que está, sem direito a suporte técnico ou orientação pessoal/exclusiva ao leitor.

A editora não se responsabiliza pela manutenção, atualização e idioma dos sites referidos pelos autores nesta obra.

Ouvidoria: ouvidoria@altabooks.com.br

Dados Internacionais de Catalogação na Publicação (CIP) de acordo com ISBD

M821a   Moore, Geoffrey
           Atravessando o Abismo: Marketing e Venda de Produtos Disruptivos para Clientes Tradicionais / Geoffrey Moore ; traduzido por Evelina Machado. - Tradução da 3. ed. - Rio de Janeiro, RJ : Alta Books, 2021.
           288 p. : il. ; 17cm x 24cm.

           Tradução de: Crossing the Chasm
           Inclui índice e apêndice.
           ISBN: 978-85-5081-395-0

           1. Marketing. 2. Vendas. 3. Gerenciamento de produtos. I. Machado, Evelina. II. Título.

2020-3116   CDD 658.8
                          CDU 658.8

Elaborado por Odilio Hilario Moreira Junior - CRB-8/9949

Rua Viúva Cláudio, 291 — Bairro Industrial do Jacaré
CEP: 20.970-031 — Rio de Janeiro (RJ)
Tels.: (21) 3278-8069 / 3278-8419
www.altabooks.com.br — altabooks@altabooks.com.br
www.facebook.com/altabooks — www.instagram.com/altabooks

A Marie

Nota do Autor

Quando a proposta para o livro *Atravessando o Abismo* foi negociada, editor e autor concordaram que, se o livro vendesse mais de 5 mil cópias, estaria indo muito bem. Afinal, era um nicho de um autor desconhecido abordando desafios bem complexos, sobre comercializar produtos de alta tecnologia.

Na verdade, no final da década, o livro tinha vendido mais de 300 mil cópias desde sua primeira publicação em 1990. É claro que editor e autor ficaram satisfeitos. Porém, talvez a pergunta mais interessante seja por que o livro foi um grande sucesso. A resposta é um exemplo da eficiência do marketing boca a boca, a simples prática que o livro defende em sua abordagem de nicho para conquistar a adoção predominante de inovações disruptivas.

Em primeiro lugar, a consequência foi que a metáfora do abismo e as recomendações sobre como atravessá-lo impactaram muito os experientes gerentes de alta tecnologia. Inúmeros leitores me disseram que, embora valorizassem o material no livro, a obra realmente não informou nada que não sabiam. De certa forma, capturou o que para eles eram intuições disseminadas e aprendizados lamentáveis, reunindo tudo em um conjunto coerente de estruturas que poderiam ser úteis para uma futura tomada de decisão.

Por sua vez, isso fez com que indicassem o livro para colegas, espalhando o vocabulário como nunca. Dessa forma, a obra saiu do departamento de marketing e começou a abrir caminho na seção de engenharia, na qual muitos leitores afirmaram ser o primeiro livro de marketing que eles não tinham jogado fora depois de ler os primeiros capítulos. Um elogio de engenheiros é algo sincero, e o autor ficou profundamente agradecido pela resposta.

Esse desenrolar incomum dos acontecimentos também chamou a atenção da comunidade do capital de risco, que se tornou um canal para mais vendas. Os investidores de risco viram no novo vocabulário um meio de iniciar um diálogo sobre desenvolvimento de mercados com os empreendedores voltados para a engenharia. Na verdade, empresas inteiras pediam que o livro fosse lido, só para que todos falassem a mesma língua.

Professores em faculdades de administração o adotaram em seus cursos de marketing empresarial, que ficaram muito populares na década seguinte, após o primeiro lançamento do livro. Os alunos gostavam do livro porque era descritivo e prescritivo, usando termos claros, em grande parte porque ele comunica a essência de seus argumentos com metáforas, embora muitas vezes misturadas. Se a pessoa acreditasse nas analogias, chegava na essência do livro e a leitura era apenas uma confirmação do que ela já sabia.

E assim as coisas foram acontecendo até 1997, mais ou menos, quando os alunos começaram a perguntar: "Quem é Ashton Tate ou Cullinet? O que é WordStar ou Ingres?" Os exemplos, que são o segredo de qualquer argumento por analogia, tinham envelhecido. Então uma edição revisada foi publicada, mantendo os argumentos em grande parte intactos, mas substituindo as antigas empresas dos anos 1980 pelas dos anos 1990, confirmando mais a crença do autor de que os abismos são um recurso permanente no cenário do setor tecnológico.

E esse foi o status quo da última década. As vendas continuaram velozes. Contando as edições em outros idiomas, no momento desta revisão, elas superaram 600 mil cópias, com as estruturas no livro ainda sendo usadas nos mesmos contextos anteriores. Mais uma vez, por volta de 2007, os alunos começaram a perguntar: "O que era ChannelPoint? VerticalNet? Silicon Graphics? Savi? Não existe nenhum estudo de caso com empresas que *realmente conhecemos*?" E de novo era hora de atualizar os exemplos, uma tarefa que abracei com entusiasmo, talvez um pouco tarde.

Como antes, minha abordagem foi preservar a estrutura do livro original. Com certeza, muita água passou sob a ponte na última década, mas, assim que se começa a remodelar a ponte, acaba-se tendo de reconstruí-la por completo. Em vez disso, o que eu me permiti fazer foi acrescentar dois apêndices. O primeiro é um resumo do argumento do livro que veio após o *Atravessando o Abismo,* chamado *Dentro do Furacão,* cujo objetivo era detalhar por completo o Ciclo de Vida de Adoção da Tecnologia, desde o mercado inicial, abismo e percurso, até o furacão e a maturidade que vem após a adoção da categoria. Isso permitiria que os leitores de primeira viagem colocassem a travessia do abismo em seu contexto maior.

O segundo apêndice aborda possivelmente o desenvolvimento mais drástico da alta tecnologia deste século, o surgimento da TI do consumidor orientado em grande parte por usos cada vez mais inovadores de dispositivos móveis, computação na nuvem e a World Wide Web. Antes dessa era, as categorias de TI quase sempre iniciavam como negócios B2B, com um subconjunto seguindo por mercados B2C após a tecnologia ser comprovada e ter o custo reduzido. Mas, neste século, foram os negócios B2C que abriram caminho e só agora os participantes B2B estão levando essas tecnologias para a empresa.

Como consequência, o livro *Atravessando o Abismo* está no centro de um modelo de desenvolvimento de mercado B2B. Ele pode ser aplicado no B2C, às vezes com muita eficiência, mas, no final das contas, normalmente não é o melhor modelo a ser usado. Pelo contrário, um modelo, que chamamos de Quatro Engrenagens, mostrou-se mais útil para os empreendedores digitais ao desenvolverem negócios do consumidor, em geral ainda na faculdade. Esse é o tópico abordado no segundo apêndice.

Em suma, tem sido uma grande jornada. Durante o processo, tive o apoio da minha família, sobretudo da minha esposa, Marie, assim como de muitos colegas no Chasm Group, Chasm Institute, TCG Advisors e Mohr Davidow Ventures. Acrescente meus editores da HarperBusiness; meu agente, Jim Levine; e meu assistente pessoal e gerente comercial, Pat Granger; e você verá que há um belo grupo. Dito isso, talvez o maior impacto tenha sido as centenas de clientes que trouxeram problemas muito interessantes e uma energia incrível para nossos trabalhos de consultoria. São as pessoas que nos inspiraram.

Geoffrey Moore
Junho de 2013

Prefácio

O obstáculo é o caminho

Desde a primeira vez que dirigi uma operação de marketing em uma empresa de tecnologia, ficou muito claro que existia uma barreira que limitava o crescimento da área de vendas como um todo. Por mais que eu investisse em diferentes métodos para gerar mais vendas, entendi que existia um abismo que separava as empresas convencionais das empresas de alto crescimento.

Não consegui entender o que fazia produtos e empresas fracassarem na busca por grandes mercados. Quando você é responsável por vendas ou marketing, está sempre buscando uma maneira de escalar, encontrar novos mercados e conseguir emplacar uma inovação, no entanto, o que normalmente acontece é que poucos produtos encontram o caminho para isso. Depois de ler o exemplar de *Atravessando o Abismo*, de Geoffrey A., ficou claro o que tornava o desafio de crescimento algo tão complexo.

Erroneamente, muitos fundadores acham que o que falta nos seus negócios são mais recursos. Quanto mais dinheiro levantamos, mais fácil é chegar aos grandes mercados. Se essa afirmação fosse certa, Google Glass, Windows Mobile e Segway teriam sido histórias de sucesso. Em todos esses produtos, o acesso ao capital não foi o problema e sim, o mercado.

A introdução de um novo produto ou empresa é um processo de grande complexidade; provavelmente, o maior desafio do mundo dos negócios é o fato de que essa complexidade se torna ainda maior quando falamos de produtos inovadores. Oferecer um novo produto implica a possibilidade de ele não ser aceito pelo mercado-alvo, assim como de sua adoção não cumprir a expectativa em volume e velocidade desejados.

Ao lançar um novo produto, existem inúmeras variáveis, nas quais é possível errar, como no mercado-alvo, na oferta, na promessa, na distribuição e na comunicação. Nessa equação existe muita complexidade e, consequentemente, muito risco, o que torna alta a taxa de insucesso de novos produtos e empresas. Isso mostra que, além da grande necessidade de investimento, existe uma maior necessidade de concepção de estratégia.

O livro *Atravessando o Abismo* funciona como um guia para startups e empresas que buscam o sucesso. Ele apresenta um passo a passo claro a ser trilhado por empresas que desejam chegar aos grandes mercados e mostra qual é a trajetória necessária para conquistá-los. Percebemos que 90% dos fundadores de empresas de tecnologias que ajudamos na Growth Machine acreditavam ter produtos disruptivos, mas não sabiam o que era necessário para vendê-los. Comumente ficavam presos nos inovadores e nos visionários, sem jamais conseguirem superar o abismo e chegar aos grandes mercados.

A metodologia de Geoffrey, em linhas gerais, mostra quais são os ciclos de adoções de uma inovação e exemplifica como acessar e se comunicar com os cinco grupos, de acordo com seu posicionamento frente às novas tecnologias. Priorizar um desses ciclos sem antes ter superado o desafio anterior é o que torna os abismos intransponíveis para boa parte das empresas.

A grande lição que aprendi com *Atravessando o Abismo* é que o obstáculo é o caminho. Para quem quer chegar mais longe, é necessário diminuir suas apostas e focar um nicho.

Para quem quer alcançar os grandes mercados, é necessário focar os pequenos, atender as necessidades dos visionários e usá-los como ponte para chegar ao ponto em que realmente o produto se torna um grande sucesso. O caminho é o abismo e só será possível ter uma empresa de sucesso se conseguir atravessá-lo.

Os abismos nos negócios não só separam os negócios medíocres das empresas disruptivas, mas também mostram quem são os vencedores. Existe um preço a ser pago e, em cada um dos nossos projetos e imersões dos clientes da Growth Machine, mostramos que a metodologia apresentada por Geoffrey em *Atravessando o Abismo* é o caminho a ser seguido, como algo que deve ser memorizado, ou um mantra, por seus fundadores.

Use e abuse deste livro, que, a meu ver, é a bíblia do Vale do Silício quando o assunto é crescimento. Diferentemente de outros livros de negócios, aqui você aprenderá a explorar os diferentes momentos do seu ciclo de lançamento, como superar cada uma das barreiras, criar oportunidades e estar preparado para superar todos os obstáculos rumo ao sucesso.

Boas vendas e "bora" crescer!

Thiago Reis, fundador da Growth Machine

Sumário

PARTE UM

Descobrindo o Abismo

Introdução

Se Mark Zuckerberg Pode Ser Bilionário   1

1   Ilusão do Marketing de Alta Tecnologia   9

2   Entendimento do Marketing da Alta Tecnologia   31

PARTE DOIS

Atravessando o Abismo

3   A Analogia do Dia D   75

4   O Alvo É o Ponto de Ataque   105

5   Reúna a Força de Invasão   131

6   Defina a Batalha   167

7   Comece a Invasão   203

Conclusão: Deixando o Abismo para Trás 219

Apêndice 1: Modelo de Desenvolvimento do Mercado de Alta Tecnologia 251

Apêndice 2: Modelo das Quatro Engrenagens para a Adoção do Consumidor Digital 257

Índice 263

PARTE UM

Descobrindo o Abismo

Introdução

Se Mark Zuckerberg Pode Ser Bilionário

Existe uma frase no musical *Chorus Line*: "Se Troy Donahue pode ser astro do cinema, eu também posso." Todo ano alguém imagina ouvir uma versão dessa frase repetida nas startups de alta tecnologia pelo país: "Se Mark Zuckerberg pode ser bilionário…" Em última análise, a grande verdade sobre a alta tecnologia é que, apesar de várias decepções, ela ainda é uma isca de oportunidade legítima para ficar rico rápido.

Isso tem uma atração enorme. Entretanto, conforme adverte a Bíblia, muitos serão chamados, poucos serão escolhidos. Todo ano, milhões de dólares, sem mencionar as incontáveis horas de trabalho do melhor talento técnico do país, são perdidos em tentativas fracassadas de entrar no reino dos eleitos. Ah, quanta lamentação, quanto ranger de dentes!

"Por que eu?", grita o empreendedor sem sucesso. Ou talvez "Por que não eu?", "Por que não nós?", falam em coro os investidores igualmente malsucedidos. "Veja nosso produto. Não é tão bom ou melhor que o do concorrente? Como alguém pode dizer que a Salesforce é melhor que a RightNow, que o LinkedIn é melhor que a Plaxo, que a rede de entrega de conteúdo da Akamai é melhor que a da Internap ou que a nuvem do Rackspace é melhor que a da Terremark?" Como assim? De fato, comparando os recursos, o produto com menor sucesso geralmente é, sem dúvidas, superior.

Não contente em sair de cena sem uma vingança, a chateada e ressentida equipe procura, entre seus membros, um bode expiatório e alguém para colocar em foco! Com uma consistência infalível e precisão certeira, todos os dedos apontam para *o vice-presidente de marketing*. A culpa é do marketing! A Salesforce venceu a RightNow, o LinkedIn superou a Plaxo, a Akamai foi melhor que a Internap, assim como a Rackspace venceu a Terremark. Agora nós também fomos vencidos. A demissão é pouco para esse monstro. Vamos enforcá-lo!

Embora isso tenha seu preço no marketing, há mais em jogo nesses fracassos do que um caminho acidentado na carreira do executivo. Quando um empreendimento arriscado de alta tecnologia fracassa, todos afundam com o navio, não apenas os investidores, mas também engenheiros, fabricantes, presidente e recepcionista. Todas as horas extras trabalhadas esperando lucrar em uma participação acionária se foram.

Pior ainda, como não há nenhum motivo óbvio para um empreendimento ter sucesso e outro fracassar, as fontes de capital para financiar novos produtos e empresas ficam cada vez mais cautelosas ao investirem. Os juros aumentam, as avaliações caem e o desejo de considerar investimentos arriscados diminui. Wall Street dá outro suspiro profundo. Há tempos a paciência se esgotou em relação às ações da alta tecnologia. Apesar dos esforços de alguns dos melhores analistas, essas ações são desvalorizadas tradicionalmente, em geral por especulação, portanto ficam muito instáveis. É comum que uma empresa de alta tecnologia anuncie até um modesto déficit em suas projeções trimestrais e fique sujeita a uma desvalorização de 30% nas ações no dia seguinte da transação. Como os jovens gostam de dizer: o que rolou?

Porém, há desdobramentos ainda mais graves. A inovação da alta tecnologia e a capacidade do marketing são dois marcos na estratégia norte-americana para a competitividade global. Nunca teremos o menor custo da mão de obra nem de matérias-primas, portanto devemos continuar aproveitando mais as vantagens na cadeia de valor. Se não pudermos aprender, pelo menos, a colocar os produtos no mercado com previsão e sucesso, nossas contramedidas em relação ao ataque da globalização de commodities fracassarão, colocando em risco nosso padrão de vida.

Com tanto em risco, os resultados instáveis do marketing da alta tecnologia são bem frustrantes, sobretudo em uma sociedade em que outras formas de marketing parecem estar bem sob controle. Em outro cenário (carros, eletrônicos ou vestuário), podemos nos ver com produtos mais bem fabricados, mas não mais bem comercializados. Na verdade, mesmo depois de perder uma categoria inteira de produtos para a concorrência no exterior, continuamos como especialistas em sua comercialização para os consumidores nos EUA. Por que não conseguimos usar essas mesmas habilidades na alta tecnologia? O que será necessário para finalmente acertarmos?

O objetivo deste livro é responder a essas duas perguntas com muitos detalhes. Mas a resposta rápida é a seguinte: nosso modelo-padrão para desenvolver um mercado de alta tecnologia está quase (mas não ainda) certo. Como resultado, nossas iniciativas de marketing, apesar de normalmente começarem promissoras, saem dos trilhos de modos incompreensíveis, causando lacunas inesperadas e desanimadoras nas receitas das vendas, e cedo ou tarde levando a gerência a adotar alguma medida desesperada. Às vezes, essas medidas funcionam e o resultado é um sucesso de marketing na alta tecnologia (claro que, quando são descritas em retrospectiva, o que foi aprendido no passado muitas vezes é retratado como previsão, assim ninguém vê a perigosa proximidade de cair no abismo que a empresa enfrentou). Porém, é muito mais comum as soluções fracassarem claramente e um produto ou uma empresa ir à falência, ou progredirem após um modismo, seguindo com uma meia-vida fraca, mas ainda com vida, na qual a empresa abandonou há tempos seus sonhos de sucesso e se contenta de novo em fazer o pagamento dos salários.

Nada disso é necessário. Temos um bom histórico de marketing da alta tecnologia agora para vermos onde nosso modelo deu errado e como corrigi-lo. Para ser específico, o ponto de maior perigo no desenvolvimento desse mercado está em fazer a transição de um *mercado inicial* dominado por alguns clientes *visionários* para um *mercado tradicional* dominado por um grande bloco de clientes que são predominantemente *pragmáticos* em sua orientação. A lacuna entre esses dois mercados, ignorada com muita frequência, é tão importante que é chamada de *abismo*, e sua travessia deve ser o principal foco de qualquer plano de marketing de longo prazo para a alta tecnologia. Uma travessia bem-sucedida é como são feitas fortunas nesse setor; fracassar na tentativa significa perdas.

Nas últimas duas décadas, eu e meus colegas no Chasm Group, Chasm Institute e TCG Advisors, vimos inúmeras empresas tentando manter o equilíbrio durante esse período difícil. É uma transição muitíssimo complicada por motivos que serão resumidos nos capítulos de abertura deste livro. A boa notícia é que existem princípios confiáveis a seguir. O material aqui presente foi aprimorado em centenas de trabalhos de consultoria focados em colocar produtos e empresas em mercados tradicionais lucrativos e sustentáveis. Os modelos apresentados foram testados diversas vezes e se mostraram eficientes. O abismo, resumindo, pode ser atravessado.

Dito isso, como um caranguejo-eremita que cresceu mais que sua concha, a empresa que atravessa o abismo deve correr para encontrar uma nova casa. Até isso acontecer, ficará vulnerável a todos os tipos de predadores. Essa urgência significa que todos na empresa, não só o pessoal de marketing e vendas, devem focar esforços nesse objetivo até ele ser alcançado. Do Capítulo 3 ao 7 são apresentados os princípios necessários para orientar as iniciativas de alta tecnologia durante esse período de grande risco. O material visa basicamente o marketing, porque é de onde vem a liderança, mas, em última análise, argumento na Conclusão que deixar o abismo para trás requer grandes mudanças em toda a empresa de alta tecnologia. Assim, o livro fecha com uma recomendação de novas estratégias nas áreas financeira, de desenvolvimento organizacional e P&D.

O livro é claro nesse aspecto e foi escrito especificamente para o marketing nas empresas de alta tecnologia. Mas tal tecnologia pode ser vista como um microcosmo de setores maiores. Nesse contexto, a relação entre um mercado inicial e um tradicional não é diferente da relação entre uma novidade e uma tendência. O marketing é conhecido há tempos por explorar as novidades e desenvolver as tendências. O problema, uma vez que essas técnicas são antiéticas entre si, é que você precisa decidir com qual lidará (novidade ou tendência) antes de começar. Seria muito melhor se pudesse iniciar com uma novidade, explorá-la em todo seu valor e então transformá-la em uma tendência.

Pode parecer um milagre, mas é basicamente o que significa marketing de alta tecnologia. Todo produto de alta tecnologia realmente inovador começa como uma novidade, algo sem nenhum valor de mercado conhecido ou finalidade, mas com "ótimas propriedades" que produzem muito entusiasmo em um "grupo" de visionários. Esse é o mercado inicial.

Então vem o período durante o qual o resto do mundo vê se algo pode ser feito com o produto; esse é o abismo. Se, de fato, algo puder ser realizado, se uma proposta de valor for descoberta e puder ser entregue como o esperado a um conjunto-alvo de clientes por um preço razoável; então um novo segmento de mercado tradicional se forma, em geral com uma rapidez que permite aos líderes iniciais terem um enorme sucesso.

O segredo disso tudo está em atravessar o abismo, realizar atos que dão os primeiros sinais do surgimento desse mercado tradicional. É como "fazer ou morrer" para as empresas de alta tecnologia, então é lógico que sejam severas sobre qual "teoria do abismo" se forma. Mas os princípios podem ser generalizados para outras formas de marketing, portanto, para o leitor geral que aguenta todos os exemplos de alta tecnologia neste livro, lições úteis podem ser aprendidas.

Uma das lições mais importantes sobre a travessia do abismo é que a tarefa basicamente requer atingir um grau incomum de unidade da empresa durante o processo. É um momento em que se deve abrir mão da busca por um gênio de marketing excêntrico em favor de conseguir um consenso fundamentado entre os meros mortais. Não é hora de movimentos arrojados nem caros, mas de planos cuidadosos e recursos pensados com cuidado; não é hora de apostar tudo em um estratagema brilhante, mas de focar todos na busca de um curso de ação com alta probabilidade e cometer o mínimo de erros possível.

Uma das funções deste livro, talvez a mais importante, é revelar a lógica da tomada de decisão de marketing durante esse período para que todos na equipe de gerenciamento possam participar do processo de desenvolvimento do mercado. Prudência, não genialidade, será o fio condutor, portanto muitas cabeças pensam melhor que uma. Se as forças do mercado serão o guia de nossa estratégia, e a maioria das organizações insiste que esse é o objetivo, então seus princípios devem ser acessíveis a todos os participantes, e não reservados, como em muitos casos, a poucos escolhidos que conseguiram entrar em seus mistérios.

Assim, o livro *Atravessando o Abismo* é escrito para a comunidade inteira de alta tecnologia, para aquele interessado na iniciativa, engenheiros e profissionais de marketing, assim como financiadores. Todos devem chegar a um acordo, pois o abismo deve ser negociado com segurança. E, com isso em mente, vamos ao Capítulo 1.

1

Ilusão do Marketing de
Alta Tecnologia

Quando este livro foi escrito originalmente, em 1989, eu me inspirei no exemplo de um carro elétrico como uma inovação disruptiva que ainda tinha que atravessar o abismo. Na verdade, naquela época, havia apenas alguns adeptos da tecnologia modificando os carros com fontes de alimentação alternativas. Quando o revisei amplamente em 1999, mais uma vez me inspirei no mesmo exemplo. A GM tinha acabado de lançar um veículo elétrico e todos os outros fabricantes estavam alvoroçados. Mas o mercado não deu atenção. Agora estamos em 2013, e novamente estamos falando sobre o mercado dos veículos elétricos. Dessa vez, o fabricante sob os holofotes é a Tesla, e o veículo que está chamando mais atenção é seu sedan Modelo S.

Afastando-se um pouco do aspecto ousado, vamos supor que esses carros funcionem como qualquer outro, exceto que são mais silenciosos e melhores para o ambiente. A pergunta é: quando você comprará um?

Ciclo de Vida de Adoção da Tecnologia

Sua resposta para a pergunta anterior dirá muito sobre como você se relaciona com o *Ciclo de Vida de Adoção da Tecnologia*, um modelo para entender a aceitação de novos produtos. Se sua resposta é "Só no dia de São Nunca", provavelmente você adota tarde a tecnologia, o que chamamos no modelo de *retardatário*. Se a resposta é "Quando os carros elétricos provarem seu valor e quando houver bastante postos de serviço nas estradas", você pode estar no meio do caminho ou no modelo da *maioria inicial*. Se diz "Só depois que a maioria fizer a troca e for realmente inconveniente dirigir um carro a gasolina", provavelmente é um seguidor, um membro da *maioria tardia*. Por outro lado, se deseja ser o primeiro em sua rua com um carro elétrico, está apto a ser um *inovador* ou *visionário*.

Daqui a pouco veremos esses rótulos com mais detalhes, mas primeiro precisamos entender sua importância. Parece que nossa atitude em relação à adoção da tecnologia se torna importante, pelo menos para o marketing, sempre que introduzimos produtos que requerem mudar nosso modo atual de comportamento ou modificam outros produtos e serviços de que precisamos. Em termos acadêmicos, tais produtos suscetíveis a mudanças são chamados de *inovações descontínuas* ou *disruptivas*. O termo oposto, *inovações contínuas* ou *sustentáveis*, refere-se ao upgrade normal de produtos que não requerem nossa mudança de comportamento.

Por exemplo, quando a fabricante Warby Parker promete óculos melhores, isso é uma inovação contínua. Você ainda usa as mesmas lentes e armações, porém com uma aparência mais legal. Quando o Fusion da Ford promete uma quilometragem melhor, quando o Gmail promete melhor integração com outros aplicativos do Google ou a Samsung promete imagens mais nítidas e vivas na TV com telas cada vez maiores, essas são inovações contínuas. Como consumidor, você não precisa mudar para aproveitar essas melhorias.

Por outro lado, se a Samsung fosse uma TV em 3D, seria incompatível com a exibição normal, requerendo o uso de óculos especiais para ver os efeitos especiais. Isso seria uma inovação descontínua, porque você teria que mudar seu comportamento normal de assistir TV. Do mesmo modo, se a nova conta Gmail precisasse ser ativada em um notebook com o Google Chrome executado no Android, seria incompatível com grande parte dos softwares atuais, que rodam nos sistemas operacionais Microsoft ou Apple. Mais uma vez, seria preciso buscar uma nova família de softwares, também recebendo a classificação de inovação descontínua. Se o novo Fusion da Ford fosse o modelo Energi, que usa eletricidade no lugar de gasolina, ou se a nova oferta para enxergar melhor fosse uma cirurgia Lasik em vez de óculos, então você teria uma oferta incompatível com a infraestrutura de suporte dos componentes normalmente disponíveis. Em todos esses casos, a inovação demanda mudanças significativas não só do consumidor, mas também da infraestrutura que apoia negócios que fornecem produtos e serviços complementares para aprimorar a oferta completa. É por isso que tais inovações são chamadas de descontínuas.

Entre *contínua* e *descontínua* há muitas demandas de mudanças comportamentais. As lentes de contato, ao contrário da cirurgia Lasik, não requerem uma infraestrutura completamente nova, mas precisam de novos comportamentos do consumidor. As TVs com internet não requerem óculos especiais, mas o consumidor precisa ter "competência digital". O tablet Surface da Microsoft, diferentemente do notebook Chrome, é compatível com a família de aplicativos instalados da empresa, mas sua interface "em blocos" requer que os usuários aprendam novas convenções. E o Fusion híbrido da Ford, ao contrário do modelo Energi, pode usar a infraestrutura existente dos postos de gasolina, mas é preciso aprender novos hábitos para dar a partida no carro. Tudo isso — como as instruções especiais de lavagem de certos tecidos, faixas especiais nas ruas reservadas para bicicletas, instruções especiais para fazer ligações internacionais etc. — representa um novo nível de demanda no consumidor para absorver uma mudança de comportamento. É o preço da modernização. Cedo ou tarde, todas as empresas devem fazer tais demandas, assim como todas elas podem lucrar com lições dos setores de alta tecnologia.

Enquanto outros setores introduzem inovações descontínuas apenas de tempos em tempos e com muita apreensão, as empresas de alta tecnologia fazem isso rotineiramente e com tanta confiança quanto alguém com quatro ases na mão. Por isso, desde o início, os setores de alta tecnologia têm precisado de um modelo de marketing que lide com eficiência usando esse tipo de introdução de produtos. Assim, o Ciclo de Vida de Adoção da Tecnologia se tornou essencial para a abordagem de marketing do setor. (Em geral, as pessoas se divertem quando descobrem que a pesquisa original que levou a esse modelo foi feita na adoção de novas variedades de mudas de batatas pelos fazendeiros norte-americanos. Apesar dessas raízes agrárias, o modelo foi totalmente transplantado para o solo no Vale do Silício.)

O modelo descreve a entrada no mercado de qualquer novo produto de tecnologia em termos de progressão nos tipos de consumidores que ele atrai durante sua vida útil:

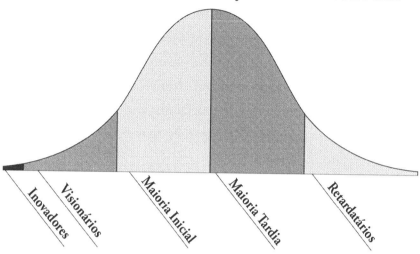

CICLO DE VIDA DE ADOÇÃO DA TECNOLOGIA

Inovadores / Visionários / Maioria Inicial / Maioria Tardia / Retardatários

Como pode ver, temos uma curva em sino. As divisões na curva são mais ou menos equivalentes ao que seriam os desvios-padrão. Ou seja, as maiorias inicial e tardia ficam dentro de um desvio-padrão da média; os visionários e os retardatários, em dois; e, fora dessa área, bem no início de uma nova tecnologia, em cerca de três desvios-padrão da norma, estão os inovadores.

Os grupos são diferenciados por sua resposta característica a uma inovação descontínua com base em uma nova tecnologia. Cada grupo representa um perfil *psicográfico* único, isto é, uma combinação de psicologia e demografia que diferencia suas respostas de marketing daquelas dos outros grupos. Entender cada perfil e sua relação com os vizinhos fornece uma base crítica para o marketing de alta tecnologia em geral.

Os *inovadores* buscam novos produtos de tecnologia com agressividade. Às vezes, eles os procuram até antes de um programa formal de marketing ter sido lançado. Isso porque a tecnologia é um interesse central na vida deles, independentemente de qual função está sendo executada. No fundo, eles ficam intrigados com qualquer avanço fundamental e normalmente buscam a tecnologia só pelo prazer de explorar as propriedades do novo dispositivo. Não existem muitos inovadores em determinado segmento de mercado, mas convencê-los no início de uma campanha de marketing é importante, pois esse aval assegura para os outros participantes do mercado que o produto poderia, de fato, funcionar.

Os *visionários*, como os inovadores, apoiam novos conceitos de produtos bem no início do ciclo de vida, mas, diferentemente dos inovadores, não são tecnólogos. Pelo contrário, são pessoas que acham fácil imaginar, entender e apreciar os benefícios de uma nova tecnologia e que relacionam esses benefícios em potencial a suas outras preocupações. Sempre que conseguem uma boa correlação, os visionários se dispõem a basear suas decisões de compra nisso. Como não contam com referências já estabelecidas ao tomar decisões de compra, preferindo contar com sua própria intuição e visão, eles são essenciais para abrir qualquer segmento do mercado de alta tecnologia.

A *maioria inicial* compartilha parte da capacidade do visionário em relação à tecnologia, mas basicamente é movida por um forte senso de praticidade. Eles sabem que muitas dessas invenções modernas acabam como modas passageiras, portanto, ficam contentes em esperar e ver como as outras pessoas se saem antes da adesão. Eles querem ver referências bem estabelecidas antes de investirem muito. Como há muitas pessoas nesse segmento (mais ou menos um terço do ciclo de vida de adoção inteiro), convencê-las é fundamental para ter bons lucros e expandir.

A *maioria tardia* compartilha todas as preocupações da maioria inicial, além de uma maior: a maioria inicial se sente bem com a capacidade de lidar com um produto tecnológico, caso finalmente decida comprá-lo, os membros da maioria tardia, não. Como resultado, eles esperam até algo se tornar um padrão aceito e, mesmo assim, querem ver muito suporte e tendem a comprar de empresas grandes e bem estabelecidas. Como a maioria inicial, esse grupo forma cerca de um terço da população de compra total em qualquer segmento. Agradá-lo é altamente lucrativo, pois, conforme as margens de lucro diminuem quando os produtos amadurecem, assim como os custos das vendas, todos os custos com P&D são amortizados.

Por fim, existem os *retardatários*. Essas pessoas simplesmente não querem nada com a nova tecnologia por muitas razões, algumas pessoais e outras econômicas. O único momento em que compram algo tecnológico é quando está bem oculto em outro produto (por exemplo, o modo como um microprocessador é incorporado no sistema de frenagem de um novo carro), de modo que elas nem sabem que ele existe. Da perspectiva de desenvolvimento do mercado, os retardatários geralmente são vistos como não valendo a pena buscar em nenhuma outra base.

Para resumir a lógica do Ciclo de Vida de Adoção da Tecnologia, sua tese básica é que a tecnologia é absorvida em qualquer comunidade em estágios que correspondem aos perfis psicológico e social de vários segmentos dentro dela. Esse processo pode ser considerado como uma série contínua com estágios definidos, cada um associado a um grupo definido e cada grupo compondo uma parte previsível do todo.

Modelo de Mercado da Alta Tecnologia

Esse perfil é, por sua vez, a base do Modelo de Marketing da Alta Tecnologia. Ele mostra que o modo de desenvolver um mercado de alta tecnologia é trabalhar a curva da esquerda para a direita, focando primeiro os inovadores, expandindo esse segmento, então indo para os visionários, expandindo o segmento etc., até chegar nas maiorias inicial e tardia, e nos retardatários. Nesse esforço, as empresas devem usar cada grupo "capturado" como uma base de referência para lançar seu marketing no grupo seguinte. Assim, o aval dos inovadores se torna uma ferramenta importante para desenvolver uma abordagem convincente para os visionários, dos visionários para a maioria inicial, e assim por diante.

A ideia é manter o movimento suave do processo, progredindo como a passagem de um bastão em uma corrida de revezamento ou como Tarzan cruzando a selva, balançando de cipó em cipó. É importante manter a dinâmica para criar um efeito de adesão natural para o grupo seguinte querer participar. Se houver muito atraso, o efeito seria como ficar pendurado em um cipó sem movimento, sem lugar para ir, exceto para baixo. (Na verdade, cair é uma alternativa elegante. O que acontece com muita frequência é uma tentativa desesperada de recriar a dinâmica, em geral com uma forma bem visível de promoção, fazendo a empresa parecer com um Tarzan balançando freneticamente, na tentativa de pegar um cipó em movimento sem nenhuma vantagem. Normalmente isso faz com que os outros animais na selva sintam e esperem vê-lo cair.)

Há outro motivo para manter a dinâmica: ficar à frente da próxima tecnologia emergente. Na última década, os desktops pessoais foram muito desbancados pelos notebooks, dos quais uma boa parte provavelmente será substituída por tablets nesta década. É preciso aproveitar o dia de sol antes que o dia seguinte o torne obsoleto. Essa noção traz a ideia de uma *janela de oportunidade.* Se o dinamismo é perdido, podemos ser surpreendidos por um concorrente, perdendo as vantagens exclusivas de uma posição de liderança da tecnologia, especificamente a vantagem com margem de lucro durante os estágios intermediário e final, que é a principal fonte das fortunas de alta tecnologia.

Basicamente, esse é o Modelo de Marketing da Alta Tecnologia: a visão de um desdobramento suave em todos os estágios do Ciclo de Vida de Adoção da Tecnologia. O que é fascinante nesse conceito, em especial para os que possuem ações em uma empresa de alta tecnologia, é sua promessa de um monopólio virtual acima de um desenvolvimento de mercado novo e maior. Se você chegar lá primeiro, "acompanhar a tendência" e pegar carona no segmento da maioria inicial, estabelecendo um padrão de fato, poderá ficar rico muito rápido e "possuir" um mercado altamente lucrativo por um longo período de tempo à frente.

Testemunhos

O iPad da Apple é um excelente exemplo de como aproveitar o Modelo de Marketing da Alta Tecnologia de ponta a ponta. Lançado em 2009 após ser demonstrado na MacWorld por Steve Jobs, sua dinâmica de interface de toque e sua bela exibição de imagens o tornaram um sucesso instantâneo entre os apaixonados pelo Mac, vendendo 300 mil unidades no primeiro dia. Então, os executivos visionários começaram a usá-lo como um assistente pessoal digital, sobretudo para e-mails e apresentações, forçando os executivos de TI a encontrar um modo de adotá-los. Depois os executivos de vendas, os principais pragmáticos, descobriram que os iPads eram ótimos para apresentações individuais para compradores econômicos, então equipes de vendas inteiras foram equipadas. Nesse ínterim, nas salas de reunião nos EUA, o iPad se tornou um modo socialmente aceitável de estar sempre online, em parte porque é possível distribuir materiais eletronicamente para serem acessados durante a reunião. Então as crianças tiveram acesso a eles e houve uma explosão em massa nos casos de uso, basicamente o Facebook e outras formas de computação social, mas também utilizando a WWW para um impacto maior na educação. E junto do Facebook vieram os avós, historicamente um público conservador, se não retardatário, quanto a qualquer coisa relacionada a computadores. Finalmente, chegaram crianças de 1 a 3 anos e bebês; e, que Deus nos ajude, filhotes de gatos interagindo diretamente com as telas e sentindo frustração com qualquer imagem que não responde como um iPad. Em síntese, em menos de cinco anos os iPads se integraram de modo incisivo no tecido da informação que compõe nossas vidas digitais; nada mal para algo que nem tem idade suficiente para estar no primeiro ano escolar.

Por mais surpreendente que seja, muitas outras empresas chegaram a um status parecido. É o que a Microsoft, a Intel e a Dell conseguiram com PCs desktop, a Qualcomm e a ARM com smartphones, a Cisco com roteadores e switches, o Google na publicidade com pesquisa, a SAP com aplicativos comerciais de nível empresarial, a Oracle com bancos de dados relacionais e a HP com impressoras a laser e jato de tinta.

Cada uma dessas empresas teve uma cota de mercado acima de 50% em seu setor escolhido. Todas conseguiram se estabelecer bem no segmento da maioria inicial, ou mesmo fora dele, e, até o momento, esperam um crescimento contínuo, grandes margens de lucro e relações preferenciais com fornecedores e clientes. Com certeza, alguns como a Dell e, mais drasticamente, a HP, caíram em tempos difíceis, mas, mesmo assim, os clientes se esforçaram ao máximo para dar aos líderes das ações no mercado uma segunda e terceira chances, fazendo seus concorrentes gritarem de angústia, pois jamais receberiam tal generosidade.

Não deve ser nenhuma surpresa que a história desses produtos líderes obedeça ao Modelo de Marketing da Alta Tecnologia. Na verdade, o modelo vem basicamente de uma abstração dessas histórias. E o marketing de alta tecnologia, bem na segunda década do século XXI, tem diante de si o exemplo dessas empresas e a abstração do Modelo, avançando com confiança.

É claro que, se houvesse uma fórmula suficiente para o sucesso, você não precisaria ler mais nada.

Ilusão e Desilusão: Falhas na Curva em Sino

Agora é hora de avisar que existem muitas pessoas no Vale do Silício que querem atestar que há algo errado no Modelo de Marketing da Alta Tecnologia. Acreditamos que seja verdade porque todos nós já tivemos participações acionárias em empresas que não existem mais ou cuja cotação atual ficou tão diluída que nossa ação, caso houvesse mercado para isso, o que não é o caso, perdeu todo o valor monetário.

Embora todos nós sigamos caminhos individuais, muito de nossa experiência compartilhada pode ser resumida reformulando o Ciclo de Vida de Adoção da Tecnologia do seguinte modo:

CICLO DE VIDA DE ADOÇÃO DA TECNOLOGIA *REVISTO*

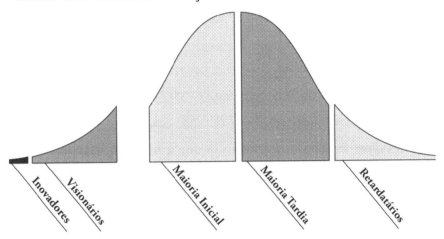

Como podemos ver, os componentes do ciclo de vida não mudaram, mas foi introduzida uma lacuna entre dois grupos psicográficos. Isso simboliza a dissociação entre os dois, ou seja, a dificuldade que um grupo terá em aceitar um novo produto, caso ele seja apresentado do mesmo modo para o grupo imediatamente à esquerda. Cada lacuna representa uma oportunidade para o marketing perder a dinâmica, deixando passar a transição para o próximo segmento, sem nunca chegar à terra prometida da liderança na margem de lucros no meio da curva em sino.

A Primeira Falha

Duas lacunas no Modelo são relativamente menores, o que podemos chamar de "falhas na curva em sino", mas até aqui as empresas imprudentes falharam e fecharam. A primeira está entre os inovadores e os visionários. É uma lacuna que ocorre quando um excelente produto tecnológico não pode ser imediatamente convertido em um novo benefício maior, algo como o Esperanto. O apaixonado o ama por sua arquitetura, mas ninguém mais consegue descobrir como começar a usá-la.

Veja o exemplo da realidade virtual. É uma tecnologia muito legal e conseguiu gerar sua própria linguagem de marcação, VRML, mas, com exceção do sucesso inicial no ambiente Second Life, basicamente foi caracterizada por uma série de experimentos interessantes que precisam ainda ser acompanhados. O desafio aqui é basicamente tecnológico, significando que a lacuna é grande demais entre a capacidade de processamento do Google necessária para criar uma experiência realmente contínua (nossos neurônios são consumidores muito exigentes) e os orçamentos pessoais que financiariam quaisquer dos aplicativos em grande escala. É possível imaginar a tecnologia chegando lá um dia, mas no momento esse dia está bem distante no futuro, o que deixa a realidade virtual limitada aos apaixonados, aguardando um visionário.

O mesmo poderia ser dito em relação à impressão em 3D. Ela inspirou uma geração de apaixonados pela tecnologia, formando um "Movimento do Fabricante", uma extensão da cultura "faça você mesmo" especializada em fabricar todo tipo de objeto. Na época em que este livro foi escrito, a impressão em 3D estava sob muita pressão, mas o mercado real ainda é muito parecido com o mercado original do PC doméstico na época da marca Heathkit, antes da Apple II, o paraíso dos apaixonados pela tecnologia "faça você mesmo".

É um problema de desenvolvimento de mercado. Como veremos no próximo capítulo, o segredo para ir além dos apaixonados e conquistar os visionários é mostrar que a nova tecnologia permite um salto estratégico, algo impossível antes, que tem um valor intrínseco e apelo para as pessoas não tecnológicas. Esse benefício normalmente é simbolizado por uma única *aplicação principal* convincente, algo que exibe o poder e o valor do novo produto. Se o esforço de marketing não conseguir encontrar essa aplicação convincente, então o desenvolvimento do mercado ficará parado nos inovadores e o futuro do produto fracassará na primeira falha da curva em sino.

A Outra Falha

Há outra falha na curva em sino, com tamanho mais ou menos igual, que fica entre as maiorias inicial e tardia. Nesse ponto do Ciclo de Vida de Adoção da Tecnologia, o mercado já está bem desenvolvido e o produto tecnológico foi absorvido pelo público. Agora, o principal problema, passar da maioria inicial para a tardia, tem relação com sobreviver às demandas residuais de o usuário final ser competente tecnologicamente.

Para simplificar, a maioria inicial deseja e consegue ter competência tecnológica na área necessária; a maioria tardia, não. Quando um produto chega nesse ponto no desenvolvimento do mercado, ele deve ter uma adoção cada vez mais fácil para continuar sendo bem-sucedido. Se isso não acontecer, a transição para a maioria tardia ficará parada.

A automação doméstica, aparelhos programáveis e câmeras sofisticadas estão atualmente nessa categoria, assim como uma leva inteira de telefones que fornecem encaminhamento de chamadas, conferências a três e até uma simples transferência de chamadas. Quantas vezes você estava em uma ligação e ouviu ou disse "podemos perder o contato quando eu pressionar o botão para transferir, então ligue de novo se isso acontecer"? O problema é que, para as pessoas que usam pouco o sistema, é difícil lembrar os protocolos. Como resultado, os usuários não usam os recursos e as empresas nos mercados desenvolvidos acham cada vez mais difícil receber pela P&D que fizeram porque o usuário final não consegue adotar o benefício. Pelo contrário, eles lamentam que o produto tenha se tornado uma commodity quando, de fato, é a *experiência* do produto que se tornou uma mercadoria. Isso é realmente uma falha do marketing, sobretudo quando as empresas cederam para o marketing o direito de redesenhar a interface do usuário, controlando a experiência do usuário.

Outros exemplos de produtos que correm risco de cair na falha entre as maiorias inicial e tardia são a digitalização e o software de gerenciamento de projetos. Os líderes do mercado nessas duas áreas, Hewlett-Packard e Microsoft, respectivamente, tiveram muito sucesso ao capturar a maioria inicial, mas os conservadores da maioria tardia ainda têm dificuldade para usar seus produtos. Portanto, essas categorias correm o risco de ficarem estagnadas, embora nenhum mercado tenha ficado saturado.

Descobrindo o Abismo

Contudo, a novidade não está nas duas falhas na curva em sino, uma entre os inovadores e os visionários e outra entre as maiorias inicial e tardia. A novidade real está no *abismo* profundo e divisor que separa os visionários da maioria inicial. É de longe a transição mais formidável e implacável no Ciclo de Vida de Adoção da Tecnologia, e é a mais perigosa porque normalmente passa despercebida.

O motivo para a transição não ser notada é que, nos dois grupos, a lista de clientes e o tamanho do pedido podem parecer iguais. Em geral, em qualquer segmento, veríamos uma lista de clientes da Fortune 500 até a Fortune 2000 fazendo pedidos relativamente grandes, sem dúvida com cinco dígitos, com muita frequência acima de seis ou até mais. Mas, de fato, a base para a venda (o que foi prometido, implícita ou explicitamente, e o que deve ser entregue) é muitíssimo diferente.

O que o visionário compra, como veremos com mais detalhes no Capítulo 2, é um tipo de *agente de mudança*. Sendo os primeiros a implementarem essa mudança no setor, os visionários esperam estar à frente da concorrência, seja com custos menores do produto, mais rapidez no mercado, atendimento ao cliente mais completo ou alguma outra vantagem comercial parecida. Eles esperam uma descontinuidade radical entre os modos antigo e novo, e estão preparados para defender sua causa contra uma resistência obstinada. Sendo os primeiros, eles também estão preparados para tolerar os inevitáveis erros e as pequenas falhas que acompanham qualquer inovação que acabou de entrar no mercado.

Por outro lado, a maioria inicial deseja adquirir uma *melhoria na produtividade* em relação às operações existentes. Ela busca minimizar a descontinuidade com os velhos hábitos. Quer uma evolução, não uma revolução. Deseja uma tecnologia para melhorar, não destruir, os modos estabelecidos de fazer negócio. E, acima de tudo, não quer corrigir o produto de outra pessoa. No momento em que o produto é adotado, ela quer que funcione corretamente e seja integrado de modo adequado à base existente de tecnologia.

Esse contraste apenas toca nas diferenças e nas incompatibilidades entre os visionários e a maioria inicial. Deixe-me só fazer duas observações importantes agora: por causa das incompatibilidades, os visionários não são uma boa referência para a maioria inicial. E, por causa da preocupação da maioria inicial em não atrapalhar suas organizações, as boas referências são essenciais para suas decisões comerciais. Então, o que temos aqui é um paradoxo. A única referência adequada para um cliente da maioria inicial, pelo visto, é outro membro dessa maioria, mas nenhum membro respeitável dessa maioria comprará sem primeiro ter consultado várias referências adequadas.

Corpos no Abismo

O que acontece nessa situação paradoxal? Primeiro, como o produto *ficou* popular entre os visionários, ele conseguiu muita publicidade: hologramas, tablets com canetas, células de combustível, QR code, MOOCs (cursos abertos online). Todos nós já lemos muito sobre essas ofertas, embora nenhuma tenha conseguido até o momento um status de mercado tradicional, apesar de as ofertas atuais realmente funcionarem muito bem. Em grande parte, isso acontece por causa do alto grau de descontinuidade implícita em sua adoção pelas organizações e da incompetência do marketing, até o momento, de diminuir essa barreira para a maioria inicial. Assim, os produtos se arrastam, continuando a alimentar o segmento dos visionários no mercado, mas incapaz de realmente decolar e abrir passagem para as oportunidades de alto volume.

Os Segways são um exemplo clássico desse fenômeno. Você já os viu em shoppings ou aeroportos, lembrando um antigo cortador de grama na vertical, usado por alguém com uniforme de segurança. Parece bobo, mas não se engane. O controle de equilíbrio giroscópico é fabuloso e os movimentos, quando dominados, são graciosos. Era esperado que esses aparelhos se tornariam um mecanismo de transporte universal. Por que não aconteceu? Em uma palavra: *escadas*. As escadas são um pequeno detalhe que aparece em todo lugar e os Segways não se dão bem com elas. É o que chamamos de obstáculo. Embora Steve Wozniak ainda possa colocar em campo alguns Segways para uma vibrante partida de polo, ninguém ainda propôs uma aplicação revolucionária para o resto de nós. Portanto, seu destino para um futuro próximo é ficar no abismo eternamente.

Por mais cara que tenha sido a lição do Segway para seus investidores, ela é mínima em comparação com o famoso banho de US$6 bilhões que a Motorola tomou em seu empreendimento de telefonia via satélite chamado Iridium. Novamente, do ponto de vista do apaixonado por tecnologia, foi uma ótima ideia! Ao invés de desenvolver dezenas de milhares de estações de celular em todo canto, e ainda sem conseguir cobrir bem áreas pouco povoadas, que tal lançar 77 satélites orbitando baixo a Terra e prestar o serviço para o planeta inteiro? (Para sua informação, 77 é o número atômico do elemento químico irídio, o que é uma piada interna legal dos apaixonados por tecnologia.) O que aconteceu? Bem, nesse caso, as escadas não foram o problema, mas sim os *prédios*! As comunicações via satélite não funcionam bem dentro deles. Acrescente a isso o volume de telefones comparados com celulares, mais o alto custo da assinatura, e novamente temos um obstáculo. Hoje, a tecnologia é usada com êxito em aplicativos de nicho, mas, colocando em perspectiva, a rede foi comprada por US$25 milhões quando faliu. Os abismos podem resultar em quedas muito difíceis mesmo.

Resumindo, quando os empreendedores dos produtos de alta tecnologia tentam fazer a transição de uma base de mercado composta de visionários para entrar no segmento de adoção seguinte, a maioria inicial pragmática, eles operam bem *sem bases de referência e suporte em um mercado que é muito orientado a referências e suportes.*

De fato é um abismo e muitas startups descuidadas caíram nele. Apesar dos exemplos repetidos do efeito abismo, o marketing de alta tecnologia ainda se esforça para dar a esse problema o devido foco. Como uma introdução final para nosso avanço contínuo, trazendo outros vislumbres do reconhecimento e da compreensão dessa difícil situação do abismo, mostro parábola a seguir como um tipo de condensação da experiência empreendedora que deu errado.

Parábola da Alta Tecnologia

No primeiro ano de venda de um produto, a maioria de lançamentos alfa e beta, a empresa emergente de alta tecnologia expande sua lista de clientes para incluir alguns inovadores apaixonados pela tecnologia e um ou dois visionários. Todos ficam satisfeitos e, na primeira festa anual de Natal, realizada nas instalações da empresa, copos de plástico e petiscos são abundantes.

No segundo ano, o primeiro do produto real, a empresa consegue muitos outros visionários, inclusive faz negócios bem grandes. A receita sai como o planejado e todos se convencem de que é hora de expandir, sobretudo os investidores de risco que notam que o planejamento do próximo ano prevê um aumento de 300% nos rendimentos. (O que poderia justificar tal número? O Modelo de Marketing da Alta Tecnologia, claro! Não estamos no exato ponto do modelo no qual a inclinação aumentará exponencialmente? Não queremos perder uma fatia de mercado nesse momento crítico para o concorrente. Devemos explorar nossa vantagem como primeiro proponente e agir enquanto ainda estamos na janela de oportunidade. Malhe enquanto o ferro está quente!) Esse ano, a festa de Natal da empresa é realizada em um excelente hotel, os copos são de cristal, o vinho é de ótima qualidade e o tema, à la Dickens, é "Grandes Expectativas".

No começo do terceiro ano, uma grande expansão da equipe de vendas é implementada, garantias de vendas impressionantes e propagandas são feitas, escritórios regionais são abertos e o atendimento ao cliente é reforçado. Mas metade do ano se passou e as receitas das vendas desapontam. Outras empresas entraram no mercado, mas só depois de uma luta persistente nas vendas e um compromisso significativo com os preços. O número de vendas em geral é bem aquém do esperado e o aumento das despesas está deixando muito para trás o crescimento da receita. Nesse ínterim, a P&D está muito atrasada, com vários projetos especiais assumidos nos contratos iniciais com os clientes originais.

São feitas reuniões (para a jovem organização não é nada além da participação em seu estilo de gestão). Os vendedores reclamam que há grandes buracos na linha de produtos e o que está disponível hoje está superfaturado, cheio de falhas e não é o que o cliente deseja. Os engenheiros reclamam que cumpriram as especificações e o cronograma em cada grande lançamento, e nesse momento a equipe de atendimento ao cliente só lamenta. Os gerentes executivos reclamam que a equipe de vendas não se empenha o suficiente na organização dos prospectos, não consegue comunicar a visão e simplesmente não é agressiva. Nada é resolvido e, por baixo dos panos, começam a se formar enclaves políticos.

Os resultados das receitas do terceiro trimestre chegam, e são lamentáveis. É hora de fazer pressão. O conselho de investidores de risco começa pelos fundadores e pelo presidente, que por sua vez fazem pressão no vice-presidente de vendas, que repassa para as tropas nas trincheiras. Então vem a rotatividade do pessoal. O vice-presidente de marketing é demitido. É hora de ter uma "gestão real". É preciso ter mais financiamento, com uma diluição terrível do grupo inicial de investidores, em especial os fundadores e a principal equipe técnica. Um ou mais fundadores discordam, mas são afastados. Seis meses se passam. A verdadeira gestão não melhora nada. Ocorrem as principais deserções. É hora de admitir consultores. Mais mudanças. O que realmente precisamos agora, decidem os investidores, é de alguém para reverter a situação. Demissões seguidas de mais mudanças. E assim continua. Quando o filme chega ao fim, há mais uma iniciativa para fazer parte das empresas decadentes do Vale do Silício, ou seja, empresas zumbis — não estão realmente vivas, mas, em parte por causa dos caprichos da contabilidade do capital de risco, são incapazes de escolher uma morte digna.

Agora, é possível que essa parábola exagere o tema abordado; já fui acusado de fazer isso antes. Mas não é exagero dizer que ano sim, ano não, centenas de startups de alta tecnologia — apesar de terem produtos de tecnologia bons e interessantes, e, apesar dos retornos promissores iniciais do mercado — hesitam e fracassam. Veja o motivo.

O que a equipe interpretou como um salto nas vendas fazendo uma suave "curva ascendente" era, de fato, um abalo inicial, o que chamaremos de *mercado inicial*, e não as primeiras indicações de um *mercado tradicional* emergente. A empresa fracassou porque seus gerentes não conseguiram reconhecer que há algo bem diferente entre uma venda para um visionário e uma venda para a maioria inicial, mesmo que o nome da empresa no cheque seja o mesmo. Assim, no momento de maior perigo, quando a empresa estava começando a entrar no abismo, seus líderes continuaram tendo altas expectativas, e não modestas, e investiram pesado em projetos de expansão, em vez de poupar recursos.

Tudo isso é resultado de uma ilusão do marketing de alta tecnologia, isto é, a crença induzida pelo Modelo de Marketing da Alta Tecnologia de que novos mercados se desdobram de modo contínuo e suave. Para evitar os perigos do abismo, precisamos atingir um novo estado, ou o entendimento do marketing da alta tecnologia, nos aprofundando na dinâmica do Ciclo de Vida de Adoção da Tecnologia para corrigir as falhas no modelo e fornecendo uma base segura para o desenvolvimento da estratégia de marketing.

2

Entendimento do Marketing da Alta Tecnologia

Primeiro há uma montanha,

Depois não há montanha,

Em seguida há.

— Provérbio zen

Quem entende a Califórnia? Como um estado pode ter tanto êxito e ainda ser tão estranho? Sou de Oregon, um estado bem normal, com uma economia próspera e muitos pescadores e lenhadores, a ponto de equilibrar as loucuras da alta tecnologia. Nunca pretendi mudar para o sul e escrever um livro dizendo (no próximo parágrafo, veja bem) que você deve apostar seu próximo milhão em um provérbio zen. A Califórnia é uma má influência.

Mas, se você arriscará seu tempo e dinheiro na alta tecnologia, então precisará mesmo se lembrar de como se desenvolvem os mercados de alta tecnologia e o seguinte provérbio será tão bom quanto qualquer outro:

Primeiro há um mercado... Composto de inovadores e visionários, é um mercado inicial, cheio de entusiasmo e visão, e muitas vezes fundado por muitos dólares de clientes destinados a realizar um grande objetivo estratégico.

Depois não há mercado... É o período do abismo durante o qual o mercado inicial ainda tenta digerir seus projetos ambiciosos e o mercado tradicional aguarda para saber se algo bom acontecerá.

Em seguida há. Se tudo correr bem e o produto e a empresa passarem intactos por esse período, então um mercado tradicional surge, composto das maiorias inicial e tardia. Com eles, vem a oportunidade real de prosperidade e crescimento.

Para alcançar as recompensas do mercado tradicional, sua estratégia de marketing deve responder com sucesso a todos os três estágios. Em cada caso, o segredo do sucesso é focar o "tipo de adoção" dominante na fase atual do mercado, aprender a gostar dos psicográficos desse segmento, e então ajustar sua estratégia e tática de acordo. Mostrar como isso é feito é a meta deste capítulo.

Primeiros Princípios

Mas antes de começarmos precisamos estabelecer regras básicas. O primeiro passo para entender é ter uma boa compreensão do óbvio. Em nosso caso, isso significa ter uma definição útil da palavra *marketing*. Útil nesse contexto quer dizer praticável; podemos encontrar no conceito do marketing uma base razoável para tomar ações que afetarão de modo previsível e positivo as receitas da empresa? Afinal, é a finalidade deste livro.

Na verdade, nesse contexto, definir marketing não é muito difícil: significa apenas praticar ações para criar, desenvolver, manter ou defender os mercados. Veremos daqui a pouco o que é mercado, mas, primeiro, é algo real, independentemente de qualquer ação individual. Assim, a finalidade do marketing é desenvolver e modelar algo que é real e não, como as pessoas querem acreditar, criar ilusões. Em outras palavras, estamos lidando com uma disciplina mais ligada à jardinagem ou à escultura do que, digamos, à pintura com pistola ou ao hipnotismo.

É claro que falar assim sobre marketing só transfere a responsabilidade de definição para o mercado, que definiremos, quanto à alta tecnologia, como

- um conjunto de clientes atuais ou futuros;

- certo conjunto de produtos ou serviços;

- quem tem um conjunto comum de necessidades e desejos; e

- quem se comunica ao tomar uma decisão de compra.

As pessoas intuitivamente entendem cada parte dessa definição, exceto a última. Infelizmente, entender a última parte (a noção de que parte do que define um mercado de alta tecnologia é a tendência de seus membros de se comunicarem ao tomar decisões de compra) é exatamente o segredo do marketing bem-sucedido da alta tecnologia. Assim, vamos esclarecer isso o máximo possível.

Se duas pessoas compram o mesmo produto pelo mesmo motivo, mas não têm como se comunicar, elas não fazem parte do mesmo mercado, ou seja, se eu vendo um osciloscópio para monitorar os batimentos cardíacos para um médico em Boston e o produto idêntico para a mesma finalidade para um médico no Zaire, e esses dois médicos não têm motivos para se comunicarem, então estou lidando com dois mercados diferentes. Do mesmo modo, se vendo um osciloscópio para um médico em Boston, então vou para o prédio vizinho e vendo o mesmo produto para um engenheiro que trabalha em um aparelho de sonar, também estou lidando com dois mercados diferentes. Nos dois casos, o motivo para termos mercados separados é que os clientes não podem se comunicar.

Dependendo do dia da semana, essa ideia parece bem óbvia ou duvidosa, na melhor das hipóteses. Seguindo com o exemplo, uma pessoa pode argumentar que existe, afinal, algo como mercado do osciloscópio? Sim e não. Se você quiser usar a palavra *mercado* nesse sentido (eu prefiro usar *categoria* para passar a ideia), ela corresponde a vendas agregadas, anteriores e projetadas, para os osciloscópios. Se é como deseja usar a palavra (se for um analista financeiro), tudo bem, mas seria melhor perceber que está juntando coisas diferentes (isto é, vendas para médicos + vendas para engenheiros) para obter o total geral e, ao fazer isso, você fica aberto à má interpretação dos dados. O mais importante é que o *mercado*, quando definido nesse sentido, deixa de ser um objeto de ação único e isolado, pois não se refere mais a nenhuma entidade separada que pode ser influenciada, portanto não pode ser o foco do marketing.

A solução para muitos profissionais de marketing é dividir a categoria em "segmentos de mercado" isolados. *Segmentos de mercado*, nesse jargão, atendem nossa definição de mercados, inclusive o aspecto da comunicação entre as pessoas. Quando os consultores de marketing vendem estudos sobre segmentação do mercado, estão apenas dividindo os limites naturais do mercado em um grupo de vendas atuais e futuras.

Os profissionais de marketing insistem nessa segmentação porque sabem que nenhum programa de marketing expressivo pode ser implementado em um conjunto de clientes que não se comunicam. O motivo para isso é simplesmente alavancar. Nenhuma empresa consegue pagar por cada contato de marketing feito. Todo programa deve contar com alguns efeitos contínuos de reação em cadeia, geralmente chamado de boca a boca. Quanto mais o mercado se comunica e quanto mais vinculados são seus canais de comunicação, maior a oportunidade de ver tais efeitos.

Chega de princípios básicos. Há outros elementos para nossa definição final de mercado, sobretudo um conceito chamado "produto completo", mas voltaremos para isso mais adiante neste livro. Agora, aplicaremos o que temos nas três fases do marketing de alta tecnologia. O primeiro é o mercado inicial.

Mercados Iniciais

O conjunto inicial de clientes para um novo produto de tecnologia é composto basicamente de inovadores e visionários. No setor da alta tecnologia, os inovadores são mais conhecidos como apaixonados pela tecnologia ou apenas tecnólogos, ao passo que os visionários são os idealistas. É no último grupo, os visionários, que ficam as decisões de compra no mercado, mas são os apaixonados pela tecnologia que primeiro percebem o potencial do novo produto. Assim, o marketing de alta tecnologia começa com os tecnólogos.

Inovadores: Apaixonados pela Tecnologia

Tradicionalmente, as primeiras pessoas que adotam uma nova tecnologia são as que gostam dela por si só. Para quem cresceu lendo as revistinhas do Pato Donald de Walt Disney (um grupo desaparecendo, com certeza), o Professor Pardal pode ter sido seu primeiro encontro com um apaixonado por tecnologia. Ou, se você teve uma educação mais clássica, talvez foi Arquimedes gritando "Eureca!" ao descobrir o conceito de medir a gravidade com o deslocamento da água, ou Dédalo inventando um labirinto e asas com as quais uma pessoa poderia sair voando (se não se aproximasse muito do sol). Ou para aqueles que gostam mais de filmes e TV, os exemplos mais conhecidos do tipo incluem o Dr. Brown em *De Volta para o Futuro*, Data em *Jornada nas Estrelas* ou Sherlock Holmes como retratado no programa de TV *Elementary*. "Inventores", "cabeças brilhantes", "nerds", "tecnólogos", temos muitos rótulos para um grupo de pessoas que são, como regra e apesar de uma tendência de introversão, companhias encantadoras, contanto que você goste de conversar sobre tecnologia.

São aquelas que gostam primeiro da arquitetura do seu produto e por isso ele tem uma vantagem competitiva sobre o grupo atual de produtos estabelecidos no mercado. São pessoas que passarão horas tentando fazer os produtos funcionarem que, em sã consciência, nunca deveriam ter sido enviados. Elas não darão importância à documentação pavorosa, ao desempenho muitíssimo lento, à falta absurda de funcionalidade e aos métodos curiosamente estúpidos de invocar alguma função necessária, tudo em nome de fazer a tecnologia seguir em frente. São ótimos críticos porque se importam de verdade.

Para dar alguns exemplos de alta tecnologia, seus entusiastas são aqueles que compram HDTVs, soluções de rede doméstica e câmeras digitais quando custam muito mais que mil dólares. Eles estão interessados na síntese e no reconhecimento de voz, sistemas interativos de multimídia, redes neurais, modelagem de caos nos aparelhos Mandelbrot e a noção de uma vida artificial feita de silício. Na época em que escrevi esta frase, eles conectavam o Amazon Web Services com um cartão de crédito para testar a hipótese SETI [Busca por Inteligência Extraterrestre] mais recente.

Às vezes, um apaixonado por tecnologia fica famoso, em geral como o inventor de um produto lucrativo. No mundo dos PCs, Bill Gates iniciou seus negócios assim, mas ele pode ter perdido parte de seu status quando ficou mais maquiavélico. Marc Andreessen, por outro lado, tentou se manter mais no papel, embora também esteja cada vez mais corporativo. No entanto, o mesmo não pode ser dito sobre os fundadores da internet, como Larry Wall, inventor da linguagem Perl; Brian Behlendorf, cofundador do Apache; ou Linus Torvalds, criador do Linux. Sandálias Birkenstocks para sempre, cara. Poder para o Povo (opa, desculpe, tive um flashback dos anos 1960).

Mas o meu favorito foi um sujeito chamado David Lichtman, com quem trabalhei na Rand Information Systems no final dos anos 1970 e início de 1980. Bem antes de qualquer pessoa levar os PCs a sério, David me mostrou um que ele tinha montado, inclusive com um periférico, um sintetizador de voz. Ficava em sua mesa no trabalho, ao lado de uma caixinha de microprocessador que ele tinha inventado para registrar as horas trabalhadas por ele. Se você fosse à casa de David, veria que ela estava cheia de câmeras, equipamento de som e diversos brinquedos eletrônicos. E, no trabalho, sempre que havia uma pergunta sobre como certa ferramenta misteriosa ou complicada funcionava, David era o cara com a resposta certa. Ele era o arquétipo do apaixonado por tecnologia.

Nos negócios, esses apaixonados são os guardiões de qualquer nova tecnologia. São as pessoas que se interessam em aprender e aquelas que alguém julga competentes para fazer uma avaliação inicial. Como tais, são as primeiras em qualquer esforço de marketing de alta tecnologia.

Como uma população que compra ou como os principais influenciadores nas decisões de compra da empresa, os apaixonados por tecnologia têm menos exigências que outro grupo no perfil de adoção, mas você não deve ignorar questões que são importantes para eles. Primeiro, e o mais essencial, eles querem a verdade, sem truques. Segundo, onde for possível, sempre que eles têm um problema técnico, querem ter acesso à pessoa com mais conhecimento técnico para obter uma resposta. Muitas vezes, isso pode não ser o certo do ponto de vista da gerência e você terá que negar ou limitar tal acesso, mas nunca deve esquecer que eles o querem.

Terceiro, querem ser os primeiros a receber a novidade. Trabalhando com eles em confidencialidade, ou seja, com o compromisso de que serão fiéis rigorosamente, você pode ter um ótimo feedback no início do design e começar a criar um defensor que influenciará os compradores não apenas em sua própria empresa, mas em outro mercado também. Por fim, eles querem tudo barato. Muitas vezes, é uma questão de orçamento, porém, é mais um problema de percepção fundamental; eles acham que toda tecnologia deve ser gratuita ou estar disponível a preço de custo, e não aceitam os argumentos do "valor agregado". A principal consequência é que, se o dinheiro é deles, você precisa disponibilizar por um valor barato e, se não é deles, tem que assegurar que o preço não seja uma preocupação.

Em grandes empresas, os apaixonados por tecnologia muitas vezes podem ser encontrados no grupo de tecnologia avançada ou em alguma associação, contratados para manter a empresa bem informada sobre os últimos desenvolvimentos na alta tecnologia. Nela, eles têm o poder de comprar quase tudo, apenas para explorar suas propriedades e examinar sua utilidade para a corporação. Nas empresas menores, que não têm esse luxo orçamentário, esses apaixonados podem ser o "tecnólogo escolhido" na TI (tecnologia da informação) ou um membro da equipe de design de produtos que especificará o produto para a inclusão no sistema em geral ou o fornecerá ao resto da equipe como um auxílio ou uma ferramenta de tecnologia.

Para chegar nos apaixonados, é preciso colocar sua mensagem em um de seus vários refúgios: na web, claro. Uma publicidade com resposta direta funciona bem nesse grupo, pois são o segmento mais provável para enviar literatura, demo gratuito, webinar ou qualquer outra coisa oferecida. Só não gaste seu dinheiro com muita publicidade com imagens exageradas; eles veem tudo isso como um exagero de marketing. Um e-mail direto chegará neles e, contanto que seja fatual e tenha novas informações, eles lerão tudo.

Em síntese, é fácil fazer negócio com os apaixonados por tecnologia, contanto que você 1) tenha a melhor e mais recente tecnologia, e 2) não precise de muito dinheiro. Para qualquer inovação, sempre haverá um grupinho de apaixonados que quer experimentar para ver se funciona. Dito isso, em grande parte essas pessoas não têm poder suficiente para ditar as decisões de compra dos outros, nem representam um mercado significativo em si. Elas são porta-vozes dos recursos iniciais do produto ou do serviço e são um laboratório de testes para fazer modificações no produto ou no serviço até que esteja completamente "depurado".

Para ter um exemplo comum, no livro *Vencendo a Crise*, Tom Peters e Robert Waterman contam a história de um indivíduo na 3M que inventou o Post-it. Ele os colocava na mesa das secretárias e algumas testavam para saber se funcionariam ou como. Algumas ficaram apaixonadas pelo Post-it e foram as primeiras pessoas na campanha para manter viva a ideia do produto.

Os apaixonados são como gravetos: ajudam a iniciar o fogo. Eles precisam ser amados. O modo de fazer isso é informá-los sobre o segredo, deixar que usem o produto e deem feedback, e, onde for adequado, implementar as melhorias sugeridas, deixando-os saber que você fez isso.

Outro segredo para trabalhar com os apaixonados em uma campanha de marketing bem-sucedida é encontrar os que têm acesso ao chefe. São pessoas que podem determinar as compras e representam uma importante oportunidade de marketing por si só. Para ser mais específico sobre o tipo de chefe que estamos procurando, agora veremos o próximo grupo no Ciclo de Vida de Adoção da Tecnologia, os visionários, ou, como são chamados no setor de alta tecnologia, os idealistas.

Visionários: Os Idealistas

São um tipo raro de pessoa que tem insight para combinar uma tecnologia emergente com uma oportunidade estratégica, temperamento para traduzir esse insight em um projeto de alta visibilidade e risco, e carisma para fazer o resto da organização apoiar esse projeto. Eles são os visionários dos produtos de alta tecnologia. Muitas vezes trabalhando com orçamentos de muitos milhões de dólares, eles representam uma fonte oculta de capital de risco que financia a alta tecnologia.

Quando John F. Kennedy lançou o programa espacial dos EUA, ele se mostrou como alguém que os EUA não conheciam ainda: um presidente visionário. Quando Henry Ford implementou a linha de produção em massa de automóveis para que cada família nos EUA pudesse comprar um carro, ele se tornou um dos visionários mais conhecidos nos negócios. Quando Steve Jobs tirou a interface de usuário Xerox PARC do laboratório e a colocou em um computador pessoal Macintosh "para todos nós", fez o resto do setor aceitar essa nova abordagem involuntariamente e mostrou ser um visionário de respeito.

Como grupo, os visionários tendem a ser estreantes nas posições executivas, altamente motivados e guiados por um "sonho". A essência do sonho é uma meta comercial, não a tecnologia, e envolve dar um grande salto em direção a como o negócio é conduzido no setor ou para os clientes. Também envolve um alto grau de conhecimento e recompensa pessoais. Entenda esse sonho e saberá como negociar com eles.

Para ter outros exemplos específicos de alta tecnologia, Harry McMahon, na Merrill Lynch, se comprometeu a colocar de uma só vez 10 mil pessoas no sistema de automação da equipe de vendas na nuvem da Salesforce.com, quando tal revendedor não tinha nenhum cliente grande, nesse momento ele estava agindo como visionário. Quando Linda Dillman, na Wal-Mart, se comprometeu a instalar sistemas Symbol RFID para criar uma visibilidade em tempo real de todo o inventário em cada loja da rede, ela estava agindo como visionária. Quando Reed Hastings, CEO da Netflix, se comprometeu a terceirizar a computação do negócio inteiro contratando a Elastic Compute Cloud da Amazon.com, agiu como visionário. E quando Ted McConnell, na Procter & Gamble, se comprometeu a veicular os anúncios digitais em todo o planeta via sistema de gerenciamento de gastos com anúncio da AudienceScience, ele foi um visionário. Em todos os casos, essas pessoas assumiram grandes riscos comerciais em relação ao que, na época, era uma tecnologia e/ou empresa não comprovada para fazer melhorias inovadoras na produtividade e no atendimento ao cliente.

E esse é o segredo. Os visionários não procuram melhoria, mas uma inovação fundamental. A tecnologia é importante apenas quando promete entregar esse sonho. Se o sonho é que o consumidor compre sem cartão de crédito, então é possível incluir e-wallets em um dispositivo móvel com uma comunicação a curta distância. Se o objetivo é fornecer uma educação de elite no mundo inteiro de graça, então provavelmente a tecnologia incluirá MOOCs (cursos gratuitos online) de instituições como a Stanford University complementados talvez com material de uma organização como a Khan Academy. Se a meta é fornecer computação móvel virtualmente sem limite com pouquíssima recarga da bateria, é provável a inclusão de uma tecnologia como o Google Glass. Se a intenção é oferecer uma medicina individualizada, em que a droga é ajustada ao metabolismo pessoal para que as taxas de sucesso sejam radicalmente melhoradas, é provável que aumentará o diagnóstico molecular de empresas como Tethys ou Crescendo. O segredo é que, ao contrário do apaixonado por tecnologia, um visionário foca o valor não da

Entendimento do Marketing da Alta Tecnologia 43

tecnologia de um sistema em si, mas do salto estratégico que tal tecnologia pode permitir.

Os visionários orientam o setor de alta tecnologia porque veem o potencial de um "enorme" retorno no investimento e querem arriscar muito para buscar esse objetivo. Eles trabalharão com revendedores com pouco ou nenhum fundo, com produtos que iniciam sua vida com pouco mais que um diagrama em um quadro de avisos e com gurus da tecnologia que lembram Rasputin, um monge siberiano. Eles sabem que estarão fora da tendência predominante e aceitam isso como parte do preço pago por tentarem ultrapassar a concorrência.

Como eles veem um grande potencial para a tecnologia que têm em mente, são menos sensíveis ao preço em qualquer segmento do perfil de adoção da tecnologia. Em geral, eles têm orçamentos que os permitem alocar grandes quantias na implementação de uma iniciativa estratégica. Isso significa que normalmente podem dar um dinheiro logo de cara para ter mais desenvolvimento que apoiará o projeto, daí sua importância como fonte do capital de desenvolvimento da alta tecnologia.

Por fim, além de abastecer o setor com dinheiro, os visionários também são eficientes ao alertar a comunidade comercial quanto aos avanços pertinentes da tecnologia. Sociáveis e ambiciosos como grupo, geralmente querem mais do que servir como referências de alta visibilidade, chamando a atenção da imprensa e de outros clientes para pequenas empresas jovens.

Como grupo de compra, é fácil vender para os visionários, mas difícil agradá-los. Isso porque estão comprando um sonho que, até certo grau, sempre será um sonho. A "encarnação" desse sonho precisará da combinação de várias tecnologias, muitas das quais ainda não estarão prontas ou nem existirão no início do projeto. As chances de tudo dar errado são astronômicas. Contudo, comprador e vendedor podem se basear em dois princípios importantes.

Primeiro, os visionários gostam de orientação a projetos. Eles querem iniciar um projeto-piloto, o que faz sentido porque eles "vão para onde ninguém esteve antes" e você irá com eles. Em seguida, há mais trabalho no projeto, realizado em fases, com marcos importantes etc. A ideia dos visionários é conseguir ficar muito perto do desenvolvimento para ter certeza de que estão na direção certa e conseguirão pular fora se descobrirem que não estão indo para onde imaginaram.

Embora razoável do ponto de vista do cliente, essa orientação a projetos normalmente entra em conflito com os empresários que tentam criar um produto com aplicação universal em torno do qual podem ter um negócio para diversos clientes. É uma situação com possível perda para todos, ameaçando a qualidade do trabalho do revendedor e a essência da relação, e requer uma gestão de contas cuidadosa, inclusive um contato frequente com o executivo.

A estratégia vencedora é construída em torno do empreendedor conseguindo "produzir" resultados em cada fase do projeto visionário, ou seja, ao passo que para o visionário os resultados da fase um têm apenas um interesse sem grande importância (prova do conceito com uma melhoria na produtividade, mas não "a visão"), esses mesmos resultados, refeitos, podem ser um novo produto para alguém com menos ambição. Por exemplo, uma empresa pode estar desenvolvendo um kit de ferramentas completo para um software orientado a objetos, capaz de criar sistemas que podem modelar trabalhos inteiros de uma fábrica, fazendo uma melhoria enorme nas eficiências do cronograma e do processamento. O primeiro resultado do kit de ferramentas pode ser um modelo apenas das operações da máquina fresadora e seu ambiente. O visionário vê esse modelo como um marco. Mas o revendedor da máquina pode vê-lo como a desejada extensão do produto e quer licenciá-la com apenas poucas alterações. Portanto, ao criar as fases do projeto do visionário, é importante ter marcos que sirvam para esse tipo de desmembramento do produto.

Outra qualidade importante dos visionários é que eles têm pressa. Eles veem o futuro em termos de janelas de oportunidade e percebem quando elas se fecham. Por isso, tendem a fazer pressão nos prazos (a recompensa do grande pagamento ou o pretexto para uma cláusula penal) para executarem mais rápido o projeto. Isso favorece as fraquezas tradicionais dos empreendedores — desejar um grande placar e confiar demais em sua capacidade de execução em certo intervalo de tempo.

Mais uma vez, a gestão das contas e a restrição dos executivos são essenciais. A meta deve ser reunida em cada fase, de modo que ela

1. possa ser realizada por meros mortais trabalhando durante o dia;
2. forneça um produto comercializável ao revendedor; e
3. forneça ao cliente um retorno no investimento concreto que possa ser comemorado como um avanço maior.

O último ponto é essencial. Ficar em paz com os visionários é quase impossível. As expectativas advindas dos sonhos simplesmente não podem ser atendidas. Não significa desvalorizar o sonho, pois sem ele não haveria uma direção para orientar o progresso. O importante é comemorar sempre o concreto e o parcial como coisas úteis por si só e como precursores do novo pedido que está por vir.

O princípio mais importante oriundo de tudo isso é a ênfase na gestão das expectativas. Controlá-las é fundamental, então o único modo prático de fazer negócio com os visionários é com uma equipe de vendas direta, pequena e de alto nível. Na vanguarda do ciclo de vendas, é preciso que tal grupo entenda as metas dos visionários e lhes passe a confiança de que sua empresa pode cooperar com eles. No meio desse ciclo, é necessário ser muito flexível com os comprometimentos conforme começa a se adaptar à agenda dos visionários. No final, é preciso ser cuidadoso nas negociações, mantendo viva a visão sem se comprometer com tarefas que não podem ser realizadas dentro do tempo alocado. Tudo isso implica um trabalho representativo maduro e sofisticado de sua parte.

Em termos de identificação dos visionários em potencial, é possível que não tenham um cargo específico, exceto que, para serem realmente úteis, eles devem estar pelo menos no nível do vice-presidente sênior para ter o respaldo para financiar suas visões. Na verdade, quanto à comunicação, em geral você não os encontra, eles encontram você. Isso acontece de modo bem interessante, por meio da relação deles com os apaixonados por tecnologia. É um dos motivos pelos quais é tão importante capturar o segmento dos apaixonados.

Resumindo, os visionários representam uma oportunidade inicial no ciclo de vida do produto para gerar um aumento de renda e conseguir uma grande visibilidade. A oportunidade tem um preço: um cliente de alta demanda que buscará influenciar diretamente as prioridades da sua empresa e um projeto de alto risco que pode acabar desapontando a todos. Mas, sem esse empurrão, muitos produtos de alta tecnologia não conseguem chegar ao mercado, são incapazes de conseguir a visibilidade necessária em sua janela de oportunidade ou não podem sustentar suas obrigações financeiras enquanto aguardam o mercado para se desenvolverem mais lentamente. Os visionários são aqueles que dão a primeira grande chance às empresas de alta tecnologia. É difícil planejar programas de marketing com eles em mente, mas é ainda mais difícil sem eles.

A Dinâmica dos Mercados Iniciais

Abrir um mercado inicial requer uma empresa empreendedora com um produto tecnológico inovador que permita uma aplicação nova e convincente, um apaixonado por tecnologia que possa avaliar e gostar da superioridade do produto em relação às alternativas atuais e um visionário bem próspero que possa antever uma melhoria grandiosa com a implementação da nova aplicação. Quando o mercado expande como deveria, a empresa empreendedora planta na comunidade de apaixonados por tecnologia as primeiras cópias de seu produto e, ao mesmo tempo, compartilha sua visão com os executivos visionários. Então convida esses executivos para verificarem com os apaixonados escolhidos se a visão, de fato, foi alcançada. Com essas conversas vem uma série de negociações em que, para o que parece ser uma grande quantia de dinheiro naquele momento (porém mais tarde será reconhecida como a ponta do iceberg), os apaixonados por tecnologia compram mais brinquedos do que jamais sonharam, a empresa empreendedora se compromete com modificações do produto e serviços de integração do sistema que nunca pretendeu fazer e o visionário tem no papel o que parece ser um projeto viável, mas que, de fato, é um sonho muitíssimo improvável.

É aí que o mercado se abre como deveria. É um bom cenário porque, embora esteja cheio de problemas, estes serão resolvidos de um modo ou de outro, e certo valor será conquistado. Há vários outros cenários em que o mercado inicial nem mesmo consegue iniciar. Veja alguns:

- Primeiro problema: A empresa simplesmente não tem expertise para colocar um produto no mercado. Não tem capital suficiente para tanto, contrata pessoas sem experiência em vendas e marketing, tenta vender o produto por um canal de distribuição inadequado, promove em locais errados e de modos incorretos, em geral faz tudo errado.

  Remediar essa situação não é tão difícil quanto parece, contanto que os participantes da empresa ainda se comuniquem e cooperem, e todos queiram diminuir muito suas expectativas.

  A base da correção é o princípio de que vencer no marketing quase sempre significa ser o maior peixe do lago. Se somos muito pequenos, devemos buscar um lago menor, um segmento-alvo do nosso tamanho. Para se qualificar como um "lago real", como mencionamos antes, os membros devem se ver como um grupo, isto é, devem constituir um segmento de mercado com referência própria para que, quando estabelecermos uma posição de liderança com alguns membros, eles espalharão a notícia com rapidez e baixo custo.

  É claro que nenhum lago de um tamanho que podemos dominar em curto prazo é grande o bastante para fornecer um mercado sustentável em longo prazo. Cedo ou tarde, teremos que expandir para mercados adjacentes. Ou, usando uma metáfora diferente, precisamos recompor nossa tática no contexto de uma estratégia de "boliche" em que uma pessoa visa certo segmento não porque pode "derrubá-lo", mas porque, ao fazer isso, ajudará a derrubar o próximo segmento-alvo, assim levando à expansão do mercado. Com o ângulo de ataque certo, é surpreendente ver como a reação em cadeia pode ser grande e rápida. Uma pessoa nunca está necessariamente fora do jogo, mesmo quando as coisas são desoladoras.

- Segundo problema: A empresa vende para o visionário antes de ter o produto. É uma versão do famoso problema vaporware, baseado no anúncio e no marketing prévios de um produto que ainda tem importantes obstáculos de desenvolvimento a superar. Na melhor das hipóteses, a empresa empreendedora assegura alguns projetos-piloto, mas, conforme os cronogramas continuam a não ser atendidos, a posição do visionário na organização enfraquece e o apoio para o projeto é finalmente retirado, apesar de muito personalizado, sem nenhuma referência útil do cliente.

Presa nessa situação, a empresa tem apenas uma resposta adequada, muito infeliz: encerrar seus esforços de marketing, admitir seus erros para os investidores e focar toda a sua energia em transformar seus projetos-piloto em algo útil, primeiro em termos de resultados para o cliente e depois em termos de produto comercializável.

Uma empresa no grupo da Mohr Davidow que se saiu muito bem é a Brickstream. Fundada com tecnologia de inteligência artificial para extrair informações de vídeo, ela prometia aos varejistas físicos a mesma visibilidade do tráfego na loja que os varejistas virtuais tinham em seus clickstreams na web. Seus sistemas de primeira geração foram um sucesso de vendas, mas a implementação era ruim, os custos continuavam sendo altos e inaceitáveis, e o desempenho deixava muito a desejar. Todas as ótimas vendas viraram contas irrecuperáveis, e foram dias sombrios.

Com uma nova gestão, a empresa mudou radicalmente. Sua primeira ação foi focar de novo um problema muito mais simples, ou seja, contar as pessoas que entram na loja todo dia, e fazer isso melhor, mais rápido e mais barato do que a tecnologia atual. Isso não teve o grande impacto que foi prometido antes, mas era um negócio real e era lucrativo. Depois, eles finalmente desenvolveram uma tecnologia da câmera que poderia dar suporte à visão de "brickstream" e migraram para o gerenciamento de filas nos caixas de pagamento, associando a gestão da mão de obra necessária e uma equipe disponível nas horas certas do dia. E, mais recentemente, também incorporaram outra tecnologia de câmera e análise para diversificar aplicações de segurança e proteção de inventário, além de um negócio gerenciado com prudência e um fluxo de caixa positivo. Claro, a empresa perdeu sua janela de mercado inicial, mas a boa notícia é que os últimos desenvolvimentos no varejo e no e-commerce estão criando uma segunda janela a ser explorada.

- Terceiro problema: O marketing sucumbiu à falha entre o apaixonado por tecnologia e o visionário quando não descobriu, ou pelo menos não articulou, a aplicação convincente que propicia um enorme salto em benefícios. Muitas empresas compram o produto para testá-lo, mas ele nunca é incorporado em um lançamento maior do sistema, pois as recompensas jamais se elevam aos riscos. A falta de renda resultante leva a aumentar o esforço, fechando por completo ou vendendo os ativos da tecnologia para outra empresa.

A correção aqui começa reavaliando o que temos. Se de fato não é um produto inovador, ele nunca criará um mercado inicial. Mas talvez possa servir como um complemento em um mercado tradicional existente. Se esse for o caso, então a resposta certa é engolir o orgulho, reduzir as expectativas financeiras e se sujeitar a uma empresa existente do mercado tradicional, que possa colocar nosso produto em jogo via canais existentes. A Computer Associates, hoje chamada de CA Technologies e uma das maiores empresas de software no mundo, foi estabelecida quase inteiramente com esse princípio de remarketing de produtos geralmente abandonados de outas empresas.

Como alternativa, se realmente temos um produto inovador, mas não conseguimos entrar no mercado inicial, então é preciso descer do imponente pedestal da teoria no qual estabelecemos que o produto pode fazer parte de qualquer aplicação existente e sermos muito práticos quanto a focar uma aplicação, assegurar que seja convincente para, pelo menos, um visionário que já nos conhece, então nos comprometermos com esse visionário em troca de seu apoio, removendo cada obstáculo para a aplicação ser adotada.

Existem algumas maneiras comuns para um esforço de desenvolvimento do mercado inicial sair dos trilhos e voltar. Para a grande maioria, os problemas podem ser resolvidos porque sempre existem diversas opiniões no início de tudo.

O maior problema normalmente é o exagero nas expectativas ambiciosas combinado com capital insuficiente ou, como minha avó costumava dizer, quando o olho é maior que a boca. As coisas ficam um pouco mais complexas quando lidamos com a dinâmica dos mercados tradicionais, que veremos agora.

Mercados Tradicionais

Os mercados tradicionais na alta tecnologia parecem muito com os mercados tradicionais em qualquer outro setor, sobretudo quando as empresas vendem para outras. São dominados pela maioria inicial, que na alta tecnologia é vista como pragmática e, por sua vez, tende a ser aceita como líder da maioria tardia, considerada como conservadora e rejeitada como líder pelos retardatários ou céticos. Como no capítulo anterior, veremos em detalhes como a psicografia de cada um dos grupos influencia o desenvolvimento e a dinâmica de um mercado de alta tecnologia.

Maioria Inicial: Os Pragmáticos

Na história da alta tecnologia, a maioria inicial, ou os pragmáticos, tem representado um grande volume de mercado para qualquer produto tecnológico. Você pode ter êxito com os visionários e, com isso, conseguir a reputação de ser muito ambicioso com um produto de ponta, mas não é aí que está o dinheiro. Pelo contrário, esses fundos estão nas mãos dos mais prudentes, que não querem ser pioneiros ("Pioneiros são pessoas com flechas nas costas"), que nunca são voluntários para um teste inicial ("Deixe que outra pessoa depure o produto") e aprenderam do modo difícil que a "vanguarda" da tecnologia é com muita frequência a "vanguarda maldita".

Quem são os pragmáticos? Na verdade, como são importantes, fica difícil caracterizá-los porque eles não têm a inclinação dos visionários de chamar a atenção para si mesmos. Não são Hamlets, mas Horácios, não são Don Quixotes, mas Sancho Panzas, estão mais para o Harry Potter do que para o Harry de Perseguidor Implacável, ou seja, pessoas que não expressam uma posição na vida ou sequer conseguem uma com o que a vida fornece. Nunca em destaque, elas são o que contribui com a continuidade, de modo que, após a estrela morrer (tragédia) ou cavalgar ao pôr do sol (romance heroico, comédia), resta a elas organizarem tudo e responderem à inevitável pergunta: quem era o homem mascarado?

No setor da alta tecnologia, os CEOs pragmáticos não são comuns e os que existem, fiéis ao seu tipo, tendem a ser bem discretos. Dan Warmenhoven na NetApp, Jeff Weiner no LinkedIn, John Chen na Sybase, John Donahoe no eBay, até líderes com visibilidade como Meg Whitman na HP e Michael Dell na Dell — pouco teatro, muita integridade e comprometimento. Eles tendem a ser mais conhecidos por seus colegas mais próximos, de quem normalmente conseguiram muito respeito, e por profissionais no mesmo nível no setor, onde aparecem quase no topo da classificação ano após ano.

É claro que, para negociar com sucesso com os pragmáticos, não é preciso ser pragmático, basta entender seus valores e trabalhar para atendê-los. Para analisar com mais atenção esses valores, se a meta dos visionários é avançar muito, a dos pragmáticos é fazer uma melhoria na porcentagem, ou seja, um progresso incremental, mensurável e previsível. Se eles instalam um novo produto, querem saber como as outras pessoas lidaram com ele. A palavra *risco* é negativa no vocabulário deles, ela não implica oportunidade nem entusiasmo, mas a chance de perder dinheiro e tempo. Eles correm risco quando necessário, mas primeiro colocarão redes de segurança e lidarão com a questão bem de perto.

A comunidade de TI da Fortune 2000, como grupo, é liderada por pessoas que são muito pragmáticas. As demandas comerciais para uma produtividade aumentada as coloca na frente do ciclo de vida da adoção, mas a prudência natural e os limites orçamentários os mantêm cautelosos. Como indivíduos, os pragmáticos se abstiveram de usar aplicativos de software como serviço até que a Salesforce.com os tornou seguros, deixaram de apoiar políticas do tipo "traga seu próprio dispositivo" até que empresas como MobileIron e Airwatch ofereceram soluções de gerenciamento de dispositivos móveis, e não investiram em vídeo até que a Cisco tornou a *telepresença* uma palavra comum.

Embora seja difícil persuadir os pragmáticos, são fiéis assim que conquistados, geralmente reforçando o padrão da empresa que requer a compra do produto, e apenas do seu produto, para determinada exigência. Esse foco na padronização é, bem, pragmático, no sentido de que simplifica as demandas internas do serviço. Mas os efeitos colaterais dessa padronização em seu crescimento e lucros (aumentando os volumes das vendas e reduzindo os custos) são drásticos. Daí a importância dos pragmáticos como segmento de mercado.

O exemplo mais comemorado e favorecido com esse efeito na última década do século XX foi a Microsoft. Ela criou posições dominantes de mercado nos sistemas operacionais desktop, automação burocrática e servidores em departamentos, de modo que, uma década depois, o cenário corporativo parecia muito homogêneo. Mas, ao mesmo tempo, conforme cada um desses mercados se desenvolveu, a TI corporativa, como categoria, também deu suporte a vários revendedores secundários e cada um deles também conseguiu seu próprio território pragmático. Na comunidade de engenharia, os clientes foram para o Solaris da Sun; na comunidade de gráficos, para os Macintoshes; no grupo de trabalho, para o Novell Netware; nos ambientes de site replicado Fortune 500 do setor bancário e varejo, para o OS/2; nos sistemas de serviços profissionais dominados pelo VAR (revenda com valor agregado) de médicos e dentistas, para o SCO Unix; e nos serviços de consultoria e financeiros, para o Lotus Notes. Embora a Microsoft tenha tido êxito no final, cada uma dessas empresas conseguiu pegar a onda pragmática em um mercado específico para aumentar suas vendas de modo espetacular. Por isso é essencial que todo plano de marketing estratégico de longo prazo entenda os compradores pragmáticos e foque ganhar sua confiança.

Quando os pragmáticos compram, eles se importam com a empresa, a qualidade do produto comprado, a infraestrutura de suporte a produtos e interfaces do sistema, e a confiança do serviço obtido. Em outras palavras, eles planejam conviver com essa decisão pessoalmente por um longo período no futuro. (Por outro lado, é bem possível que os visionários planejem implementar um grande pedido e usar isso como um trampolim para seu próximo grande passo na carreira). Como os pragmáticos estão nisso há muito tempo e controlam muito dinheiro no mercado, as recompensas para construir relações de confiança com eles valem muito mais que o esforço.

Os pragmáticos tendem a seguir na "vertical", o que significa que se comunicam mais com pessoas parecidas com eles em seu próprio setor do que com os apaixonados por tecnologia e os visionários, com maior probabilidade de se comunicar na "horizontal" nos limites da indústria em busca de almas gêmeas. Isso significa que é muito difícil entrar em um novo setor vendendo para os pragmáticos. Referências e relações são muito importantes para eles e há um tipo de paradoxo: os pragmáticos não compram com você até que esteja estabelecido, mas você não se estabelece até que eles comprem com você. É óbvio que isso é uma desvantagem para as startups e, por outro lado, é ótimo para as empresas com um histórico sólido. No entanto, assim que uma startup tem a ajuda de compradores pragmáticos em certo mercado vertical, eles tendem a ser muito legais e até saem do seu caminho para ajudá-la a ter êxito. No passado, a Salesforce.com foi a disruptora no setor de automação da equipe de vendas. Agora se tornou o padrão na prática. Quando isso acontece, o custo das vendas cai e a alavancagem na P&D incremental para dar apoio a qualquer cliente aumenta. É um dos motivos para os pragmáticos criarem um grande mercado.

Não existe um canal de distribuição preferido pelos pragmáticos, mas eles querem manter no mínimo suas relações de distribuição totais. Isso os permite maximizar sua vantagem de compras e manter alguns pontos claros de controle, caso algo dê errado. Em alguns casos, esse preconceito pode ser superado se o comprador pragmático conhece um revendedor em particular de uma relação anterior. Mas, como regra, o caminho para a comunidade de pragmáticos é mais tranquilo se um revendedor corporativo pode desenvolver uma aliança com uma base de vendas VAR (revenda com valor agregado). Os VARs, se são realmente especializados em certo setor do pragmático e se têm reputação de entregar qualidade no prazo e dentro do orçamento, representam um tipo de solução muitíssimo atraente para um pragmático. Eles podem dar uma resposta "pronta", sem impactar os recursos internos já sobrecarregados com o peso da manutenção contínua do sistema. O que o pragmático gosta mais nos VARs é que eles representam um único ponto de controle, uma única empresa para ligar se algo der errado.

Uma característica final dos compradores pragmáticos é que eles gostam de ver a concorrência, em parte para abaixar os custos, em parte para se assegurar de ter mais de uma alternativa para recorrer caso algo não dê certo, e também para terem certeza de que estão comprando de um líder de mercado comprovado. Esse último ponto é essencial: os pragmáticos querem comprar de líderes comprovados porque sabem que terceiros criarão produtos de suporte em torno desse produto líder, ou seja, os produtos líderes de mercado criam um mercado secundário que outros revendedores atenderão. Isso reduz radicalmente o peso de suporte dos clientes pragmáticos. Todavia, se eles escolhem errado um produto que não se torna líder de mercado, mas é um dos coadjuvantes, então esse suporte altamente valorizado não se desenvolve e eles ficarão paralisados fazendo melhorias sozinhos. Assim, a liderança do mercado é essencial para conquistar os clientes pragmáticos.

Os pragmáticos são bem sensíveis ao preço. Eles querem pagar um valor modesto por alta qualidade ou serviços especiais, mas, na ausência de qualquer diferenciação especial, querem o melhor negócio. Isso porque, por terem se comprometido com o trabalho e/ou a empresa, eles são avaliados todos os anos quanto à operação realizada versus o que retornaram para a empresa.

No geral, para negociar com os pragmáticos, é preciso ter paciência. Você precisa conversar sobre os problemas presentes no negócio deles. Precisa aparecer em conferências do setor e nas feiras que eles frequentam. Precisa ser mencionado em artigos veiculados em newsletters e blogs lidos por eles. Precisa estar estabelecido em outras empresas do setor, ter desenvolvido aplicativos para seu produto que sejam específicos do setor, ter parcerias e alianças com outros revendedores que atendem o setor, ter reputação quanto à qualidade e ao serviço. Resumindo, precisa fazer com que seja um fornecedor de escolha óbvia.

É um plano de longo prazo, requer um ritmo cuidadoso, investimento periódico e uma equipe de gestão madura. Um dos maiores benefícios, por outro lado, é que ele não só entrega o elemento pragmático do Ciclo de Vida de Adoção da Tecnologia, mas também inicia o elemento conservador. Infelizmente, o setor de alta tecnologia, em grande parte, não se considera apto a colher as recompensas que plantou com tanto cuidado. Para ver como isso acontece, vejamos de perto os conservadores.

Maioria Tardia: Os Conservadores

A matemática do modelo do Ciclo de Vida de Adoção da Tecnologia mostra que, para cada pragmático, há um conservador, ou seja, os conservadores representam aproximadamente um terço dos clientes disponíveis totais em certo Ciclo de Vida. Mas, como um segmento de mercado, raramente são desenvolvidos para dar o lucro que poderiam gerar, em grande parte porque as empresas de alta tecnologia, via de regra, não têm simpatia por eles.

Em essência, os conservadores são contra inovações descontínuas. Eles acreditam muito mais na tradição do que no progresso. E, quando encontram algo que funciona, adotam. Assim, essas pessoas usam Macs quando todas as outras têm o Windows, então passam para o Windows quando todos voltaram para os Macs. Ainda usam BlackBerrys e eles funcionam bem para elas. Elas enviam e-mail no lugar de mensagem e fazem ligações telefônicas entre si de tempos e tempos. Nem usam o Twitter, nem postam, e o jornal ainda chega no endereço delas. E essas pessoas estão bem assim, muito obrigado.

Nesse sentido, os conservadores têm mais em comum com os visionários do que se pode imaginar. Ambos podem ser teimosos ao resistirem ao chamado para se adequarem e se unirem ao rebanho dos pragmáticos. Com certeza, os conservadores eventualmente sucumbem ao novo paradigma só para ficarem iguais ao resto do mundo. Mas só porque usam tais produtos não significa que gostam deles.

A verdade é que os conservadores geralmente têm um pouco de medo da alta tecnologia. Assim, tendem a investir apenas no final do ciclo de vida, quando os produtos estão muito maduros e a competição pela fatia de mercado leva a preços baixos e os produtos em si podem ser tratados como commodities. Muitas vezes, o objetivo real deles ao comprar produtos de alta tecnologia é apenas não serem cobrados em excesso. Infelizmente, como entram no final do mercado com uma pequena margem de lucros, onde há pouco motivo para o revendedor estabelecer uma relação de alta integridade com o comprador, em geral eles são explorados. Isso só reforça sua desilusão com a alta tecnologia e o ciclo de compras fica em um nível ainda mais cético.

Se os negócios de alta tecnologia querem ter sucesso em longo prazo, devem aprender a pausar esse círculo vicioso e estabelecer uma base razoável para que os conservadores queiram negociar com eles. Devem entender que os conservadores não têm grandes aspirações sobre seus investimentos de alta tecnologia e por isso não dão suporte às margens de altos preços. Todavia, com um grande volume, eles podem oferecer ótimas recompensas para as empresas que os atendem adequadamente.

Os conservadores gostam de comprar pacotes prontos, com tudo junto e um grande desconto. A última coisa que eles querem ouvir é que o software que acabaram de comprar não suporta a rede doméstica que eles instalaram. Eles querem que os produtos de alta tecnologia sejam como geladeiras: a pessoa abre a porta, a luz acende automaticamente, o alimento fica frio e não é preciso pensar muito. Os produtos que eles consideram melhores são os que têm uma única função: música, vídeo, e-mail, jogos. A noção de que um único dispositivo poderia fazer as quatro funções não os empolga, pelo contrário, é algo que consideram um pouco repugnante.

O mercado conservador oferece uma ótima oportunidade, nesse sentido, de pegar os componentes tecnológicos de baixo custo e finais e juntá-los em sistemas com uma única função para necessidades específicas. A qualidade do pacote deve ser bem alta porque não há nada nele que já não tenha sido totalmente depurado. O preço deve ser muito baixo porque toda a P&D já foi amortizada e cada parte da curva de aprendizado na fabricação foi explorada. Resumindo, não é apenas uma pura manobra de marketing, mas uma verdadeira solução para uma nova classe de cliente.

Há dois segredos para o sucesso aqui. O primeiro é ter considerado totalmente a "solução completa" para as necessidades de mercado de certo usuário final e fornecer cada elemento dessa solução no pacote. É essencial porque não há margem de lucro para dar suporte a um sistema de assistência pós-compra. O outro é alinhar o canal de distribuição com baixa despesa que pode fazer esse pacote chegar no mercado-alvo com eficiência. Nesse contexto, o aumento das ofertas "como serviço" entregues na web cria uma oportunidade magnífica para o progresso nesse segmento.

Os conservadores têm um grande valor para o setor de alta tecnologia no sentido de que estendem muito o mercado das ofertas de alta tecnologia que não são mais de ponta. O fato de que os EUA têm tudo, menos grandes fatias cedidas desse mercado no Extremo Leste mostra não tanto as vantagens de custos na fabricação no exterior, mas a falha do planejamento do produto no território e a imaginação para o marketing. Hoje, muitas soluções no exterior oferecem apenas um valor, com baixo custo. Na verdade, os conservadores são sensíveis ao preço, mas isso ocorre em grande parte porque eles não conseguem obter o valor máximo de sua experiência de usuário. Se você lhes dá algo com que podem se identificar, eles querem muito pagar por isso. Basta verificar uma Apple Store. Muito dinheiro poderia ser extraído desse segmento do mercado de alta tecnologia se os fabricantes de tecnologia e os comerciantes com seus canais de alto volume e grandes recursos de compra simplesmente prestassem mais atenção.

Portanto, o mercado conservador ainda é algo que a alta tecnologia tem no futuro, mais do que tinha no passado. O segredo é focar a conveniência, em vez do desempenho, focar a experiência do usuário, não os conjuntos de recursos. As câmeras de ré nos carros são um ótimo exemplo de mudança dos conservadores tecnológicos, pois são assistentes de estacionamento. Até os aplicativos GPS deixaram de ser inimigos. Mas não é assim com as funções ativadas por voz, porque elas não têm a previsibilidade de que os conservadores precisam desesperadamente.

No geral, temos a sensação de que o mercado conservador ainda é percebido mais como um fardo do que uma oportunidade. O sucesso do negócio de alta tecnologia em si precisará de um novo tipo de marketing imaginado vinculado a um modelo financeiro menos arriscado. Pode-se ganhar dinheiro, caso possamos atender os novos desafios que são apenas parcialmente familiares. Mas, conforme o custo com P&D aumenta radicalmente, as empresas têm que amortizá-lo em mercados cada vez maiores, e é inevitável que isso leve à "outra metade" muito ignorada da curva de adoção da tecnologia.

A Dinâmica dos Mercados Tradicionais

Assim como os visionários orientam o desenvolvimento do mercado inicial, os pragmáticos orientam o desenvolvimento do mercado tradicional. Conseguir o apoio deles não é o único ponto de entrada, e sim o segredo para um domínio de longo prazo. Mas, feito isso, não é possível ter o mercado como garantido.

Para manter a liderança em um mercado tradicional, você deve pelo menos acompanhar a concorrência. Não é mais necessário ser o líder da tecnologia, nem ter o melhor produto. Mas o produto deve ser bom o bastante e, caso um concorrente faça uma inovação maior, você precisa ter uma resposta no mesmo nível.

É o jogo que a Oracle dominou com maestria na primeira década do século XXI. Após várias décadas contando basicamente com uma P&D coordenada para desenvolver seu portfólio de software de TI para empresas, ela mudou o jogo quando fez uma oferta não solicitada (e indesejada) pela PeopleSoft. Quando essa aquisição finalmente foi fechada, ela inaugurou uma nova fase na TI corporativa, com uma consolidação como as vistas anteriormente nas ferrovias, linhas aéreas, firmas de contabilidade e, mais recentemente, bancos. Mas, no caso da Oracle, não era apenas crescer nas categorias tradicionais, mas adquirir outros ativos necessários para criar uma "pilha" de empresas de ponta a ponta, o complemento total do que um diretor executivo Fortune 500 esperaria ter. Isso incluía a gestão de relacionamento com o cliente da Seibel, o middleware de servidores de aplicativo da BEA e o software de gestão do ciclo de vida do produto da Agile; e, por fim, até levou a incorporar a Sun Microsystems para ter uma solução de hardware completa também.

Tais consolidações são planejadas para conservar, não inovar. Não é que a inovação parou, mas foi realocada. As tecnologias anteriores, focando a inovação, agora se tornaram a estrutura sobre a qual a próxima inovação será construída. Nesse contexto, estabilidade e previsibilidade ficaram muito mais valorizadas, e os ecossistemas estão dispostos a pagar bônus para um conjunto de revendedores para mantê-los.

Para uma transição suave dos segmentos de mercado pragmático para o conservador, é necessário principalmente manter uma forte relação com o primeiro, sempre deixando a porta aberta para o novo paradigma, mas mantendo o último feliz por adicionar valor à antiga infraestrutura. É um equilíbrio, para dizer o mínimo, mas, devidamente gerenciado, os ganhos em potencial nos segmentos maduros e leais são muito altos.

Nesse sentido, se agora olharmos os quatro primeiros perfis no Ciclo de Vida de Adoção da Tecnologia, observaremos uma tendência interessante. A importância do produto em si, sua funcionalidade única, quando comparada com a importância dos serviços auxiliares para o cliente, está em alta com o apaixonado por tecnologia e em baixa com os conservadores. Não é nenhuma surpresa, uma vez que o nível de envolvimento e a competência de alguém com um produto de alta tecnologia é um indicador principal de quando uma pessoa entrará no Ciclo de Vida. A principal lição é que, quanto mais tempo seu produto está no mercado, mais maduro ele fica e mais importante é o elemento serviço para o cliente. Os conservadores, em particular, visam muito os serviços.

Na última década, a alta tecnologia realmente enfrentou esse fenômeno reconfigurando ativamente suas ofertas de produtos como serviços. O SaaS (software como serviço), IaaS (infraestrutura de data center como serviço) e PaaS (software de plataforma de implantação e desenvolvimento como serviço), todos criando uma nova pilha na nuvem, o espaço virtual para o qual muita computação está migrando.

Para chegar nesse ponto, precisam acontecer duas coisas coordenadas. A primeira é que os revendedores devem planejar o máximo possível as demandas de serviço derivadas da instalação e da implementação bem-sucedidas de seus produtos. É um imposto sobre serviço, sem agregar nenhum valor, sendo apenas o preço a pagar para a coisa funcionar. Ainda é muitíssimo alto para o software de TI das empresas e, embora tenha gerado muita renda para os integradores de sistemas, deixou um gosto ruim na boca de todos; assim, quanto menor, melhor.

Por outro lado, quando os revendedores lidam com o segundo objetivo de fazer o serviço produzir uma melhor experiência do usuário, então há sorrisos por toda parte. O iPad da Apple é um exemplo maravilhoso aqui, por atrair não só os apaixonados por tecnologia e os visionários ("É muito legal!"), mas igualmente os pragmáticos

("Não gasto com treinamento!") e os conservadores ("Sem treinamento, ponto!"). Quando vemos uma criancinha manuseando um, percebemos o longo caminho que percorremos desde o uso das teclas "control-alt-delete".

Dito isso, sempre haverá pessoas que ainda se sentem de mãos atadas com a alta tecnologia, e veremos essas questões agora.

Retardatários: Os Céticos

Os céticos (o grupo que compõe um sexto do Ciclo de Vida de Adoção da Tecnologia) não participam do mercado de alta tecnologia, exceto para obstruir as compras. Assim, a função básica do marketing de alta tecnologia em relação aos céticos é neutralizar sua influência. De certo modo, é uma pena porque eles podem nos ensinar muito sobre o que fazemos errado; daí essa observação.

Um dos argumentos favoritos dos céticos é que quaisquer inovações disruptivas raramente cumprem suas promessas e quase sempre têm consequências inesperadas. Essa combinação de recompensa ilusória com risco onipresente é para eles uma aposta ruim. Naturalmente, os visionários e os pragmáticos são muito competentes na superação dessas objeções; do contrário, não haveria nenhum setor de alta tecnologia para nossa análise. Mas e se, em vez de uma refutação apressada, explorássemos os méritos do argumento do cético?

Como qualquer revendedor experiente de produtos de alta tecnologia pode dizer, a justificativa do custo nas compras de alta tecnologia é um grande risco, na melhor das hipóteses. Sempre existe a possibilidade de um retorno financeiro significativo, mas sempre depende de fatores além do sistema em si, ou seja, simplesmente significa que as declarações que os vendedores fizeram sobre os produtos de alta tecnologia são, na verdade, declarações feitas sobre "soluções completas do produto" que incorporam elementos bem além de qualquer coisa que os fabricantes de alta tecnologia despacham dentro das caixas. Se os comerciantes da alta tecnologia não assumem a responsabilidade de ver que a solução completa está sendo enviada, então eles dão ao cético uma abertura para obstruírem a venda. (Por todos os motivos já citados, a importância da solução completa do produto é analisada em detalhes mais adiante como o principal item para atravessar o abismo com sucesso e entrar no mercado tradicional.)

Os céticos lutam para mostrar que os novos sistemas, em grande parte, não entregam as promessas feitas na hora da compra. Isso não quer dizer que eles não entregam valor, mas que o valor entregue de fato muitas vezes não é antecipado na hora da compra. Se isso for verdade, e até certo ponto acredito que é, significa que se comprometer com um novo sistema é muito mais um ato de fé do que normalmente se imagina. Significa que o valor primário no ato vem mais de noções como dar suporte a uma ação do que de qualquer percepção quantificável dos benefícios com custo justificado. A ideia de que o valor do sistema será descoberto, em vez de conhecido, no momento da instalação implica, por sua vez, que a flexibilidade e a adaptabilidade do produto, assim como um serviço contábil contínuo, devem ser os componentes essenciais da lista de avaliação de qualquer comprador.

Por fim, o serviço que os céticos fornecem para os comerciantes de alta tecnologia é mostrar continuamente discrepâncias entre as afirmações de vendas e o produto entregue. Essas discrepâncias, por sua vez, criam oportunidades para o cliente falhar; e tais falhas, passando de boca a boca, finalmente voltarão para nos assombrar como uma fatia de mercado perdida. Passar por cima dos céticos, em outras palavras, pode ser uma ótima tática de vendas, mas é um marketing ruim. Do ponto de vista do marketing, todos nós estamos sujeitos à síndrome da "Roupa Nova do Imperador", mas isso é especialmente verdade na alta tecnologia, em que cada participante no mercado tem um interesse garantido ao aumentar a percepção geral do setor. Os céticos não acreditam no nosso ato. Devemos aproveitar isso.

De Volta ao Abismo

Como as páginas anteriores mostram, existe claramente muito valor no Ciclo de Vida de Adoção da Tecnologia como um modelo de marketing. Isolando a psicografia dos clientes com base em quando eles tendem a entrar no mercado, isso dá uma direção clara sobre como desenvolver um programa de marketing para um produto inovador.

A falha básica no modelo, como dissemos, é que ele implica uma progressão suave e contínua nos segmentos durante a vida de um produto, enquanto a experiência ensina exatamente o contrário. Na verdade, fazer a transição do marketing e das comunicações entre quaisquer dois segmentos de adoção em geral é muito difícil porque devem ser adotadas novas estratégias no momento exato em que você fica mais confortável com as antigas.

O maior problema durante esse período de transição é a falta de uma base de clientes que possa ser referenciada na hora de fazer a transição para um novo segmento. Como vimos quando redesenhamos o Ciclo de Vida, os espaços entre os segmentos indicam a lacuna de credibilidade que surge ao tentar usar o grupo à esquerda como uma base de referência para entrar no segmento à direita.

Em alguns casos, as afinidades básicas do mercado mantêm os grupos relativamente juntos. Por exemplo, os visionários de adoção inicial tendem a manter contato e respeitam as visões dos apaixonados por tecnologia; porque eles precisam dos últimos para servir como uma verificação da realidade na viabilidade técnica de sua visão e ajudar a avaliar produtos específicos. Como resultado, os apaixonados podem atestar, pelo menos, algumas preocupações dos visionários.

Fazendo uma comparação, os conservadores confiam nos pragmáticos para ajudá-los nas compras de tecnologia. Os dois grupos gostam de se ver como membros de determinado setor em primeiro lugar, como homens de negócios em segundo e compradores de tecnologia em terceiro. Mas os pragmáticos têm mais confiança na tecnologia como uma vantagem em potencial e sua capacidade de fazer boas compras tecnológicas. Os conservadores ficam bem mais nervosos com os dois. Eles querem acompanhar, até certo ponto, os pragmáticos que eles respeitam, mas ainda ficam um pouco nervosos com a autoconfiança geral dos pragmáticos. Assim, mais uma vez, a base de referência tem um valor parcial na transição entre os segmentos de adoção.

A importância desse enfraquecimento na base de referência remonta a afirmação fundamental feita sobre os mercados na introdução: a saber, que os mercados (sobretudo os de alta tecnologia) são compostos de pessoas que se comunicam durante a decisão de compra. Conforme nos movimentamos entre os segmentos no Ciclo de Vida de Adoção da Tecnologia, podemos ter várias referências, mas elas podem não ser as corretas.

Isso é melhor visto na transição entre visionários e pragmáticos. Se até certo ponto existem lacunas menores entre os outros grupos de adoção, entre visionários e pragmáticos há um abismo enorme, e, em boa parte, muito ignorado.

Se olharmos fundo nesse abismo, veremos quatro características fundamentais dos visionários que afastam os pragmáticos.

Os visionários não respeitam o valor das experiências dos colegas. Eles são as primeiras pessoas no segmento do setor a verem o potencial da nova tecnologia. Basicamente, eles se veem como mais espertos que seus colegas na concorrência e, com muita frequência, eles são. Assim, é a habilidade de ver primeiro as coisas que querem aproveitar na vantagem competitiva. Essa vantagem só consegue acontecer se ninguém mais a descobriu. Portanto, eles não esperam para comprar um produto bem testado com uma grande lista de referências do setor. De fato, se tal base de referência existe, é quase certo que os afastará, indicando que, pelo menos para essa tecnologia, eles já estão muito atrasados.

Por outro lado, os pragmáticos valorizam muito a experiência dos colegas em outras empresas. Quando compram, esperam ter muitas referências, e querem boas avaliações vindas de empresas em seu próprio segmento. Isso cria, como já observamos, um impasse: como geralmente há apenas um ou dois visionários por segmento no setor, como é possível acumular as referências de que um pragmático precisa, quando de fato as pessoas que restaram também são pragmáticas?

Os visionários têm mais interesse na tecnologia do que no setor. Eles definem o futuro. Você os encontra em conferências e outros fóruns futuristas nos quais as pessoas se reúnem para prever tendências e buscar novas oportunidades de mercado. É fácil iniciar uma conversa com eles, que entendem e gostam do que as empresas e os produtos de alta tecnologia tentam fazer. Querem debater ideias com pessoas brilhantes e se chateiam com os detalhes corriqueiros de seus próprios setores. Gostam de conversar e pensar em alta tecnologia.

Em compensação, os pragmáticos não participam muito de coisas futuristas. Eles se veem mais na atualidade, como pessoas dedicadas a girar as engrenagens de seu setor. Portanto, tendem a investir seu tempo em conferências, participando de fóruns específicos que debatem sobre questões relacionadas ao setor. No que diz respeito aos pragmáticos, mudanças radicais e vantagens globais podem contribuir para belos discursos, mas nada além disso.

Os visionários falham em reconhecer a importância da infraestrutura existente do produto. Eles criam sistemas do zero, concretizam sua visão, não esperam encontrar componentes para esses sistemas por aí, não esperam que padrões tenham sido estabelecidos; na verdade, eles planejam definir novos padrões. Não esperam que existam grupos de apoio, que procedimentos tenham sido estabelecidos nem que terceiros estejam disponíveis para compartilhar a carga de trabalho e a responsabilidade.

Os pragmáticos esperam tudo isso. Quando veem visionários traçando seu próprio caminho com pouca ou nenhuma ideia de como conectar as práticas tradicionais do setor, eles estremecem. Os pragmáticos basearam suas carreiras nessas conexões. Mais uma vez, fica muito claro que os visionários, como grupo, criam uma base de referência muito ruim para os pragmáticos.

Os visionários têm pouco autoconhecimento sobre o impacto de sua ruptura. Do ponto de vista de um pragmático, os visionários são pessoas que chegam e absorvem todo o orçamento de seus projetos de estimação. Se o projeto é um sucesso, eles ficam com todo o crédito, enquanto os pragmáticos ficam presos tentando manter um sistema que é "tão de ponta" que ninguém tem muita certeza como assegurar seu funcionamento. Se o projeto fracassa, os visionários sempre parecem estar um passo à frente do desastre, saindo antes enquanto podem e deixando os pragmáticos limpando a bagunça. Os visionários, bem-sucedidos ou não, não planejam ficar por muito tempo. Eles se veem em uma pista rápida que os faz subir na escada corporativa e cruzar empresas. Os pragmáticos, por outro lado, tendem a se comprometer em longo prazo com sua profissão e a empresa onde trabalham. Eles têm muito cuidado com esquemas grandiosos porque sabem que terão que conviver com os resultados.

No geral, é fácil ver por que os pragmáticos não ficam ansiosos para referenciar os visionários em suas decisões de compra. Daí o abismo. Essa situação pode se complicar mais se a empresa de alta tecnologia, renovada com seus sucessos de marketing com os visionários, esquece de mudar o argumento de vendas. Assim, a empresa pode proclamar seu sucesso recente nos testes iniciais quando o que o pragmático realmente deseja ouvir é que as instalações de produção estão prontas para o uso. Ou ela pode dizer "tecnologia de ponta" quando o pragmático deseja ouvir "padrão da indústria".

O problema vai além das abordagens de vendas e do posiciona-mento. É sobretudo um problema de tempo. O revendedor de alta tecnologia quer (na verdade, precisa) que o pragmático compre agora e o pragmático precisa (ou pelo menos deseja) aguardar. Ambos têm posições legítimas. Mas o fato é que, em algum lugar, o relógio começou a marcar e a pergunta é: quem vai piscar primeiro?

Para o bem de todos, é melhor que seja o pragmático. O modo de gerar esse resultado é o assunto da próxima seção.

PARTE DOIS

Atravessando o Abismo

3

A Analogia do Dia D

O abismo é, de qualquer forma, um local ruim para ficar. Ele promete poucos clientes novos, se houver algum — apenas as pessoas que têm como sair por vias seguras. Mas ele hospeda todo tipo de gente desagradável, desde clientes atuais desiludidos até concorrentes maldosos e investidores repugnantes. Seus esforços conspiram para tributar as reservas da empresa jovem que busca chegar no mercado tradicional. Precisamos ver rapidamente esses desafios para podermos deixar nossas defesas em alerta contra eles.

Os Perigos do Abismo

Vamos começar com a falta de novos clientes. Quando as oportunidades do mercado inicial dos visionários ficam cada vez mais saturadas (com produtos caros, isso pode ser após três ou cinco contratos) e com o mercado tradicional dos pragmáticos longe do nível de conforto necessário para comprar, simplesmente há um mercado insuficiente de moeda disponível para sustentar a empresa. Tendo flertado com um fluxo de caixa positivo e contínuo (sobretudo durante os meses após um dos grandes pedidos do mercado inicial), a tendência agora se inverte e a empresa acelera em direção a um fluxo de caixa cada vez mais negativo. Pior ainda, os concorrentes tradicionais, que até o momento não tinham prestado atenção na entrada do novato em seu mercado, agora avistaram um novo alvo, passaram por uma ou duas perdas maiores e colocaram em movimento equipes de venda para contra-atacar.

Há poucas oportunidades para se proteger. Os gerentes gostariam de se refugiar em suas relações existentes de grandes contas, atendê-las de modo excepcional e aproveitar esse investimento de mais um ano ao detalhar a maior parte do plano do visionário. Isso não só daria uma base de referência segura, como também começaria a criar uma infraestrutura de produtos e interfaces auxiliares necessários para transformar uma inovação descontínua na ideia de uma solução real do pragmático. Infelizmente, não há dinheiro sobrando nessas contas para bancar esse ano. Na verdade, é muito provável que tal ano de trabalho seja necessário só para alcançar as promessas feitas para assegurar o negócio. Portanto, embora exista muito trabalho bom por fazer, não há dinheiro extra para pagar por ele.

Nem os gerentes conseguem segurança continuando a atender apenas o mercado inicial. Com certeza ainda há oportunidades de vendas nele — outros visionários para quem podemos vender. Mas cada um terá um sonho único, levando a demandas exclusivas de personalização, que por sua vez exigirá demais de um grupo de desenvolvimento de produtos já sobrecarregado. E mais, cedo ou tarde surgirá nesse mercado inicial outro empreendedor com uma tecnologia ainda mais inovadora e com uma história melhor para contar. Nessa altura, você terá que atravessar o abismo e estar estabelecido no mercado tradicional, ou sua sorte acabará.

Existe ainda mais perigo. Os esforços de marketing até o momento foram financiados por investidores formalmente, como no caso das empresas com capital de risco, ou informalmente, como no caso de novos produtos desenvolvidos em empresas maiores. Esses investidores viram um sucesso inicial e agora esperam ver um progresso real em relação aos objetivos de crescimento da receita de longo prazo do plano comercial. Como sabemos agora, buscar esse tipo de crescimento durante o período de abismo é inútil. Contudo, há um compromisso com o plano (se tal compromisso não existisse, o financiamento não estaria disponível) e o tempo está correndo.

Na verdade, um tipo de investidor muito predatório, às vezes referido como *capitalista abutre*, parece usar o período de abismo para lutar e fracassar como um meio de desacreditar a gestão atual, rebaixando assim o valor patrimonial da empresa para que, na próxima rodada de financiamento, tenha uma oportunidade de assegurar o controle dominante, instalar uma nova equipe de gestão e, no pior caso, se tornar dono de um ativo maior de tecnologia, baratíssimo. Esse é um exercício muito destrutivo durante o qual não só os participantes diretos, mas todos os valores humanos e oportunidades de ganhar são jogados pela janela. Mas isso acontece.

Até os investidores com demandas razoáveis e uma atitude de apoio podem ter problemas com o abismo. No melhor cenário, é pedido que eles refreiem suas expectativas quando parece mais natural deixar que corram soltas. Há uma sensação latente de que, de algum modo, em algum lugar, alguém fracassou. Eles podem querer lhe dar o benefício da dúvida por um tempo, mas você não tem tempo a perder. Você precisa entrar logo no segmento do mercado tradicional, estabelecendo relações duradouras com compradores pragmáticos, pois apenas com eles é possível controlar seu próprio destino.

Entrando à Força no Mercado Tradicional

Entrar no mercado tradicional é um ato de agressão. As empresas que já estabeleceram relações com seu cliente-alvo não gostarão de sua intromissão e farão tudo que puderem para excluí-lo. Os próprios clientes suspeitarão de você, por ser um participante novo e inexperiente em seu mercado. Ninguém quer sua presença. Você é um invasor.

Não é hora de ser bonzinho. Como dissemos, os perigos do abismo fazem com que seja uma situação de vida ou morte. Você deve conquistar a entrada no mercado tradicional, apesar de qualquer resistência. Portanto, se vamos à luta, que seja às claras. Como referência, recordaremos um evento da primeira metade do século XX, a invasão da Normandia pelos aliados no Dia D, 6 de junho de 1944. Embora existam exemplos mais atuais de sucesso militar (apesar de não nos lembrarmos deles), essa analogia em particular se relaciona muito com nossas preocupações específicas.

A comparação é muito simples. Nosso objetivo de longo prazo é entrar e controlar o mercado tradicional (Europa Ocidental), que atualmente é dominado por um concorrente entrincheirado (o Eixo). Para nosso produto forçar o mercado tradicional do concorrente, temos de montar uma força de invasão composta de outros produtos e empresas (os Aliados). Por meio da entrada nesse mercado, nossa meta imediata é fazer a transição da base de mercado inicial (Inglaterra) para um segmento de mercado-alvo estratégico no mercado tradicional (praias na Normandia). O que nos separa do nosso objetivo é o abismo (Canal da Mancha). Atravessaremos esse abismo o mais rápido que pudermos com uma força de invasão focada direta e exclusivamente no ponto de ataque (Dia D). Assim que forçarmos o concorrente para fora de nosso nicho-alvo (proteger a praia), então dominaremos outros segmentos de mercado (distritos da França), em direção ao domínio geral do mercado (a libertação da Europa Ocidental).

É isso. Essa é a estratégia. Replique o Dia D e conquiste a entrada no mercado tradicional. Atravesse o abismo visando um nicho muito específico onde possa dominar desde o início, retire os concorrentes desse nicho de mercado, então use-o como uma base para operações maiores. Concentre uma força muito superior no alvo altamente focado. Funcionou em 1944 para os Aliados e tem sido assim para muitas empresas de alta tecnologia.

O segredo para ter vantagem na Normandia, o que permite que a empresa jovem ganhe clientes pragmáticos antes da aceitação do mercado mais amplo, é focar um excesso de apoio em um nicho de mercado restrito. Simplificando o desafio inicial, a empresa pode desenvolver com eficiência uma base sólida de referências, garantias, procedimentos e documentação internos em virtude de um conjunto limitado de variáveis de mercado. A eficiência do processo de marketing, nesse ponto, é uma função da "finitude" do segmento em questão. Quanto mais limitado, mais fácil é criar e introduzir mensagens nele, e mais rápido essas mensagens passam de boca em boca.

As empresas que acabaram de começar, assim como qualquer programa de marketing que trabalha com recursos escassos, devem operar em um mercado bem limitado para serem competitivas. Do contrário, suas mensagens de marketing "incríveis" ficarão dispersas muito rápido, a reação em cadeia da comunicação boca a boca morrerá e a equipe de vendas voltará a vender "produtos comuns". Esse é um sintoma clássico do abismo, quando a empresa deixa para trás o entusiasmo latente do mercado inicial. Normalmente é interpretado como uma diminuição na equipe de vendas ou um resfriamento da demanda quando, de fato, é apenas uma consequência de tentar expandir um mercado com limites muito imprecisos.

A estratégia do Dia D impede esse erro. Ela tem a capacidade de estimular a empresa inteira focando uma meta muito específica que é 1) possível de imediato e 2) capaz de ser aproveitada diretamente no sucesso de longo prazo. A maioria das empresas não atravessa o abismo porque, confrontadas com a enorme oportunidade representada por um mercado tradicional, elas perdem o foco, seguindo cada oportunidade que aparece, mas não conseguindo entregar uma proposta vendável para qualquer comprador pragmático real. Essa estratégia mantém todos no ponto que interessa; se não tomamos a Normandia, não temos que nos preocupar com o modo como tomamos Paris. E, focando nossa total força em um território tão pequeno, aumentamos muito nossas chances de sucesso imediato.

Infelizmente, por mais sólida que seja essa estratégia, ela é contrária à gestão das empresas startups e, assim, embora amplamente aceita na teoria, raramente é colocada em prática. Veja mais um cenário comum.

Como Acender o Fogo

Acender o fogo é um problema que qualquer escoteiro pode resolver. Você coloca jornal amassado, alguns gravetos e lenha, então acende o papel. Não poderia ser mais fácil. *Tentar atravessar o abismo sem adotar a abordagem do nicho de mercado é como tentar acender uma fogueira sem gravetos.*

O jornal amassado representa seu orçamento promocional e a lenha, uma oportunidade maior de mercado. Não importa quanto jornal você coloca sob essa lenha, se não tiver nenhum segmento-alvo de mercado para agir como graveto, cedo ou tarde o jornal acabará e a lenha ainda não queimará. Empresas como Webvan, Solyndra e Better Place consumiram centenas de milhões de dólares em capital de risco sem nenhum benefício, representando uma lição muito cara no escotismo.

Acender o fogo não é um bicho de sete cabeças, mas representa uma disciplina. E é aqui que a gestão de alta tecnologia deixa mais clara sua ausência. A maioria dos líderes de alta tecnologia, quando se trata de fazer escolhas de marketing, continuará hesitando em assumir compromissos no nicho de mercado, não importa o que aconteça. Como solteirões avessos ao casamento, eles podem acenar em todos os lugares certos e dizer tudo correto, mas não aparecerão quando o sino da igreja tocar. Por que não?

Primeiro, vamos entender que é falta de vontade, não de compreensão, ou seja, não é que os líderes precisam aprender sobre o marketing de nicho. Os programas de MBA em marketing dos últimos 25 anos foram firmes quanto à necessidade de segmentar os mercados e as vantagens que isso traz. Assim, ninguém pode ou alega ignorância. Pelo contrário, alega-se que, embora a estratégia de nicho geralmente seja melhor, não há tempo, ou não se consegue arcar, para implementá-la no momento. É claro que isso é um truque e a resposta verdadeira é muito mais simples: *Não temos, nem queremos adotar, nenhuma disciplina que exigiria que parássemos de buscar vendas a qualquer momento por qualquer motivo.* Em outras palavras, não somos uma empresa baseada em marketing, mas em vendas.

Agora, até que ponto pode realmente ser ruim? Quero dizer, as vendas são boas, certo? Com certeza as coisas podem se desenrolar sozinhas e descobriremos nosso mercado, embora de forma retroativa, guiados por nossos clientes, não? A verdade para as três perguntas anteriores: 1) desastre, 2) nem sempre e 3) nunca, nem em 1 milhão de anos.

Simplificando, as consequências de se basear em vendas durante o período de abismo são fatais. Veja o motivo: o único objetivo da empresa durante esse estágio de desenvolvimento do mercado deve ser assegurar a conquista no mercado tradicional, ou seja, criar uma base de clientes pragmáticos que sejam pessoas de referência que possam, por sua vez, conseguir acesso para nós a outras possibilidades do mercado tradicional. Para capturar essa base de referência, devemos garantir que nosso primeiro conjunto de clientes satisfaça por completo seus objetivos de compra. Para tanto, devemos assegurar que o cliente não obtenha apenas o produto, mas o que descreveremos em um capítulo posterior como o produto completo ou o conjunto inteiro de produtos e serviços necessários para conseguir o resultado desejado, o que foi prometido a eles no pedido de compra. Sempre que algo fica de fora desse conjunto, a solução está incompleta, a promessa de venda não se cumpriu e o cliente fica indisponível para a referência. Assim, para assegurar as referências tão necessárias, que é nosso principal objetivo ao atravessar o abismo, devemos nos comprometer em fornecer ou, pelo menos, garantir a provisão, o produto completo.

Mas se comprometer com produtos completos é caro. Mesmo quando temos parceiros e aliados para ajudar no atendimento, eles requerem uma gestão que precisa de muitos recursos. E, quando o papel do suporte recai sobre nós, muitas vezes precisamos da atenção dos principais envolvidos, as mesmas pessoas essenciais em cada projeto que temos em andamento. Portanto, os comprometimentos com o produto completo devem ser feitos não apenas com moderação, mas estrategicamente, ou seja, visando aproveitá-los em diversas vendas. Isso só pode acontecer se o esforço de vendas é focado em um único nicho de mercado. Se houver mais de um, você enfrentará casos de uso adicionais, fazendo com que esgote seus principais recursos, falhe na qualidade do compromisso com o produto completo e prolongue seu tempo no abismo. Ser realmente baseado em vendas é um convite para uma estada permanente.

Para que o produto completo sozinho tenha uma alavancagem, a estratégia baseada em vendas deve ser evitada. Mas a sedução é tão forte que uma munição extra está garantida. Considere o seguinte. Um dos segredos ao entrar em um novo mercado é estabelecer uma boa reputação com o boca a boca entre os compradores. Inúmeros estudos mostraram que, no processo de compra da alta tecnologia, o boca a boca é a principal fonte de informação que os compradores referenciam no começo do ciclo de vendas para estabelecer suas "longas listas" e no final, quando as reduzem. Agora, para o boca a boca se desenvolver em qualquer mercado, deve haver uma boa quantidade de pessoas informadas que se encontram de vez em quando e, ao trocar suas visões, reforçam a posição do produto ou da empresa. É assim que a notícia se espalha.

Disseminar esse processo de comunicação é caro, sobretudo assim que você deixa o mercado inicial que, em geral, pode ser alcançado pela imprensa especializada e mídia afim, e faz a transição para o mercado tradicional. Os compradores pragmáticos, como já explicamos, comunicam-se nos moldes do setor ou por meio de associações profissionais. Químicos conversam entre si, assim como advogados, executivos de seguradoras etc. Persuadir um ou dois clientes em cada cinco ou dez segmentos diferentes (a consequência de adotar uma abordagem baseada em vendas) não criará nenhum efeito boca a boca. Seus clientes podem tentar iniciar uma conversa com você, mas não haverá ninguém para dar um reforço. Por outro lado, conquistar quatro ou cinco clientes em um segmento criará o efeito desejado. Assim, a empresa que visa o segmento pode esperar aproveitar o boca a boca no início de seu esforço de marketing ao atravessar o abismo, ao passo que a baseada em vendas conseguirá muito depois, se conseguir. Essa falta de boca a boca, por sua vez, dificulta muito mais a venda do produto, adicionando custos e a imprevisibilidade das vendas.

Por fim, há um terceiro motivo convincente para focar o nicho ao atravessar o abismo, que tem relação com a necessidade de conseguir a liderança no mercado. Os clientes pragmáticos desejam comprar dos líderes do mercado. O motivo é simples: os produtos completos se desenvolvem em torno de produtos líderes de mercado, não em torno de outros, ou seja, há muito mais aplicativos para os dispositivos móveis da Apple e do Android do que há para o Windows 8 ou o BlackBerry. Existe uma base muito maior de talento para dar suporte aos roteadores e switches da Cisco do que da Juniper. A existência dessa infraestrutura de valor agregado não só enriquece o produto, como também simplifica a tarefa de conseguir suporte sem custo adicional para o revendedor ou o cliente.

Os pragmáticos têm muito mais consciência desse efeito. Como resultado, talvez inconsciente, mas consistentemente, eles conspiram para instalar uma empresa ou um produto como o líder de mercado, então fazem tudo o que podem para mantê-lo nessa posição. Um dos principais motivos de adiarem as decisões de compra no início de um mercado, criando assim o efeito abismo, é para ajudá-los a decidir quem será o líder. Eles não querem apoiar o errado.

Agora, por definição, enquanto se atravessa o abismo, você não é o líder de mercado. A pergunta é: como podemos acelerar o processo para chegar nesse estado? É uma questão de simples matemática. Para ser líder em qualquer mercado, é preciso ter a maior fatia, em geral mais de 50% das novas vendas no início de um mercado, embora possa terminar com apenas 30% a 35% depois. Portanto, pegue as vendas que você espera gerar em qualquer período de tempo (digamos nos próximos dois anos), dobre esse número e esse é o tamanho de mercado que você pode esperar dominar. Na verdade, para ser preciso, é o tamanho *máximo* de mercado, porque o cálculo pressupõe que todas as suas vendas vieram de um único segmento de mercado. Assim, se quisermos uma liderança de mercado desde cedo, e queremos, como sabemos que os pragmáticos tendem a comprar nos líderes e nosso principal objetivo de marketing é conseguir uma base de pragmáticos que possa ser referenciada, a *única estratégia certa é adotar a abordagem do "peixe grande, lago pequeno".*

Segmente. Segmente. Segmente. Um dos outros benefícios dessa abordagem é que ela leva diretamente a você "tendo" um mercado, ou seja, é estabelecido pelos pragmáticos como líder e, desse ponto em diante, eles conspiram para ajudá-lo a manter a posição. Isso significa que existem barreiras importantes à entrada de qualquer concorrente, independentemente do tamanho ou dos recursos extras que o produto deles tem. Com certeza os clientes tradicionais reclamarão sobre sua falta de recursos e insistirão que você faça um upgrade para fazer frente à concorrência. Mas, na verdade, tais clientes gostam do "pertencimento", pois simplifica suas decisões de compra, melhora a qualidade e reduz o custo da propriedade do produto inteiro, dando a segurança de que o revendedor chegou para ficar. Eles demandam atenção, mas estão do seu lado. Como resultado, a posse de um mercado pode impor algumas características da anuidade (um alicerce nos momentos favoráveis e um local de refúgio em tempos ruins), com rendas bem mais previsíveis e um custo de vendas muito menor do que poderia ser conseguido de outra forma.

Por todos esses motivos, ou seja, a melhora do produto inteiro, a eficiência do boca a boca e a liderança de mercado percebida, é essencial que, ao cruzar o abismo, você se concentre exclusivamente em conseguir uma posição dominante em um ou dois segmentos de mercado muito limitados. Se não se comprometer totalmente com esse objetivo, as probabilidades de nem chegar no mercado tradicional são enormes.

E a Microsoft?

Admito desde já que, pelo que sei, a Microsoft nunca seguiu a estratégia de nicho que tanto defendo. Ela não foi uma adepta da abordagem do Dia D. Pelo contrário, adotou continuamente o que pode ser chamado de "abordagem Evel Knievel": ignore o abismo. Então como conseguiu ter tanto sucesso e por que ninguém com o mínimo de bom senso seguiria esse modelo?

Aqui acho que temos um exemplo de uma noção da justiça de que ótimos casos criam precedentes ruins. A história da Microsoft é tão inusitada que a torna realmente inútil como exemplo para as decisões estratégicas em outras empresas. Três de suas tecnologias básicas (Windows, NT e Internet Explorer) foram extensões diretas de uma franquia herdada do sistema operacional de um PC, então roubada da IBM.

Foi como o ato de Prometeu, que roubou o fogo dos deuses para dar aos homens. Não foi desonesto, foi brilhante. Mas o importante aqui é que a Microsoft operava desde o início em um contexto de ser um padrão de fato. Ela nasceu dentro de uma grande demanda que a IBM criou e todos os seus atos subsequentes de desenvolvimento de mercado se basearam em ser a rica herdeira dessa propriedade.

Esse status permitiu à empresa optar por novas tecnologias, em vez de apresentá-las diretamente. Seu sucesso, em outras palavras, baseou-se essencialmente em ser uma rápida adepta das tecnologias apresentadas por outras pessoas. Isso fica evidente para o Windows, que foi derivado diretamente do Macintosh, e o Internet Explorer, que veio direto do Netscape Navigator. Também fica claro no caso do Office, cujos produtos-âncora (Word, PowerPoint e Excel) conseguiram revendedores de renome (WordPerfect, Adobe e Lotus), durante a transição do DOS para o Windows.

O importante aqui não é ridicularizar a falta de inovação muitas vezes alegada da Microsoft, mas comemorar sua estratégia de desenvolvimento de marketing. Como detentora de todos os clientes na revolução cliente/servidor dos anos 1990, ela tinha um território permanente no lado pragmático do abismo. Controlava os portões da cidade. Quando apareciam bárbaros com suas inovações descontínuas, era só fechar os portões. Quando ela aparecia com suas próprias versões do mesmo produto, abria. Os portões eram de Gates e a franquia, muito lucrativa. Foi preciso o advento dos dispositivos móveis e da nuvem, com disrupções por mais de uma década, para fazer pressão nessa posição. Ainda atualmente, a Microsoft gera um fluxo de caixa de dar inveja no setor tecnológico.

Com um sucesso espetacular como esse, ela não é um bom exemplo para o resto de nós. Ao passo que a Microsoft pôde (e talvez ainda pode) trabalhar nos dois lados do abismo simultaneamente, grande parte das outras empresas tem que atravessar sem ajuda. Na verdade, muitas vezes elas têm que atravessar a despeito da resistência da Microsoft. Entrar no mercado tradicional é o ato de arrombamento, invasão e quebra, é uma traição, muitas vezes até uma dissimulação. Mapear um plano de assalto global e atacar em todas as frentes de uma só vez pode contribuir para intimidar bastante os líderes de mercado que já têm tropas pelo mundo, mas é muito estúpido para os desafiantes jovens. Pelo contrário, precisamos escolher com cuidado, atacar com coragem, então entrar e nos fixar.

Além dos Nichos

Dito tudo isso, agora também precisamos reconhecer que há vida após o nicho. O domínio maior do mercado finalmente transcende o nicho, embora ele continue a se renovar e estender, desenvolvendo novos segmentos. Na verdade, é quando há grandes lucros reais. É um fenômeno pós-abismo claro, mas existe um exercício de planejamento a ser feito desde o início. Da mesma forma que o *objetivo* do Dia D era tomar as praias da Normandia, mas a *meta* era libertar a Europa Ocidental, em nossa estratégia de marketing queremos estabelecer uma visão de longo prazo para orientar nossas escolhas táticas imediatas.

O segredo de ir além do nicho-alvo inicial de alguém é escolher segmentos-alvo de mercado *estratégicos* para começar, ou seja, visar um segmento que, por causa de outras conexões, cria um ponto de entrada em um ou mais segmentos adjacentes. Por exemplo, quando a Macintosh atravessou pela primeira vez o abismo nos anos 1980, o nicho-alvo era os departamentos de arte gráfica das empresas Fortune 500. Não era um mercado-alvo muito grande, mas era responsável por um processo essencial separado, oferecendo apresentações para executivos e profissionais de marketing. O fato de que o segmento era relativamente pequeno acabou sendo bom porque a Apple conseguiu dominá-lo rapidamente e estabelecer seu sistema patenteado como um padrão legítimo na empresa (contra a vontade do departamento de TI, que queria todos em um PC da IBM).

Porém, tendo dominado esse nicho, o mais importante é que a empresa conseguiu aproveitar sua vitória nos departamentos adjacentes na corporação: primeiro o marketing, depois as vendas. O pessoal do marketing descobriu que, se fizesse suas próprias apresentações, poderia atualizá-las durante as exposições; e os vendedores descobriram que, com um Mac, não precisavam contar com o pessoal do marketing. Ao mesmo tempo, essa conquista nas artes gráficas também chegou aos mercados externos que interagiam com artistas gráficos: agências criativas, agências de publicidade e, por fim, publicitários. Todos usavam o Macintosh para trocar diversos materiais gráficos e o resultado foi um ecossistema completo e padronizado na plataforma "não padrão".

Como garantir que alguém escolherá um nicho estratégico para o local do Dia D é assunto do próximo capítulo. Mas, antes disso, vejamos algumas empresas de alta visibilidade que implementaram com sucesso uma abordagem altamente focada para atravessar o abismo.

Travessias Bem-sucedidas do Abismo

Nas discussões a seguir, veremos três travessias bem-sucedidas do abismo, cada uma operando em um nível diferente "da pilha" que compõe a computação em empresas. O primeiro exemplo é a Documentum, um banco de dados de gerenciamento de conteúdo lançado no início dos anos 1990, um software que reside abaixo do nível que os usuários finais veem, mas acima do software de sistemas que controla servidores e redes. Será o oposto de nossos dois exemplos seguintes: Salesforce.com, cujo produto principal e inicial é um aplicativo do usuário final, e a VMware, com seu produto sendo o oposto, um software do sistema executado bem no hardware e nos sistemas operacionais.

Por que é importante? Bem, os programas de software na camada do aplicativo são "naturalmente verticais" porque interagem diretamente com os usuários finais e eles se organizam segundo a posição geográfica, setor e profissão. Isso os torna muito adaptáveis ao foco da conquista necessário para atravessar o abismo. Porém, mais adiante no ciclo de vida, quando as soluções se generalizam, uma abordagem horizontal geralmente é mais produtiva, mas muito mais desafiadora para uma oferta de aplicativo atender.

Em contrapartida, as ofertas da infraestrutura têm a dinâmica oposta. Elas são "naturalmente horizontais", pois interagem com máquinas e outros programas nos quais parte do valor é fornecer uma interface estável e padrão. Não servem para o marketing vertical porque, como produtos, não mudam muito entre os nichos.

Mas, infelizmente, os clientes pragmáticos raramente adotam uma nova tecnologia em massa. Em geral, essas inovações são adotadas primeiro por um nicho simples, que sofre pressão na frente do rebanho. O resto fica contente com essa possibilidade porque vê, sem compromisso, o desenrolar da tecnologia sem correr nenhum risco imediato. O nicho vence, pressupondo que a estratégia da conquista foi conduzida corretamente, chegando a uma excelência para seu problema até agora sem solução. E o revendedor vence porque é certificado por, pelo menos, um segmento de pragmáticos, com sua oferta tendo uma predominância legítima.

Então, *por causa da dinâmica da adoção da tecnologia, não por causa da propriedade de nicho no produto em si*, os revendedores da infraestrutura disruptiva também devem adotar uma abordagem de mercado vertical para atravessar o abismo mesmo que não pareça natural. A boa notícia é que, mais tarde, quando surgir um grande mercado e o marketing horizontal vencer, será muito mais fácil aproveitar a oportunidade.

Voltando à nossa análise, começaremos com o que alguém pode afirmar ser a avó de todas as travessias do abismo, realmente o primeiro grande sucesso de aplicar conscientemente o modelo, que aconteceu "na época", quando a arquitetura cliente/servidor estava apenas virando moda e ninguém sequer falava em internet.

Documentum: Um Aplicativo de Gerenciamento de Documentos Atravessa o Abismo

Em 1993, quando Jeff Miller assumiu as rédeas na Documentum, a empresa, apesar de herdar muita tecnologia de gerenciamento de documentos "gratuitamente" quando saiu da Xerox, tinha passado três anos consecutivos de receitas fixas na faixa dos US$2 milhões.

É uma performance clássica para uma empresa cujo mercado está no abismo. No ano seguinte à entrada de Jeff, foi para US$8 milhões, então US$25 milhões, US$45 milhões (e uma Oferta Pública Inicial) e US$75 milhões. É uma excelente travessia de abismo. O que Jeff e sua equipe fizeram?

Na verdade, eles pegaram a edição original do livro *Atravessando o Abismo* e o tornaram seu plano de desenvolvimento de mercado. Sabendo que estavam no abismo e que o principal para sair era escolher um segmento de mercado para conquistar, avaliaram a experiência do cliente até o momento e visaram um nicho de mercado muito pequeno: departamentos de assuntos regulatórios nas indústrias farmacêuticas Fortune 500.

Mas existem apenas cerca de quarenta no mundo inteiro e a maior tem menos de doze pessoas, mais ou menos. Portanto, como uma empresa poderia justificar a redução de seu alcance de mercado de "todas as pessoas que lidam com documentos complexos em todas as grandes empresas" para talvez um total de mil pessoas no planeta?

A resposta é que, ao escolher um alvo para atravessar o abismo, isso não significa quantas pessoas estão envolvidas, mas a quantidade de problemas causados. No caso dos assuntos regulatórios da indústria farmacêutica, o problema era uma tortura. É o grupo que precisa enviar requerimentos de Homologação de Novas Drogas para centenas, ou mais, de diferentes órgãos reguladores no mundo inteiro. O processo não inicia até a patente ser concedida. Essas patentes duram 17 anos e, na época em que a Documentum estava no mercado, uma droga patenteada gerava, em média, cerca de US$400 milhões por ano. Mas, assim que a patente expira, os retornos econômicos despencam. As indústrias farmacêuticas levavam meses para conseguir protocolar seu primeiro requerimento; não meses para ser aprovado, mas meses para ser enviado!

Isso porque os requerimentos de novas drogas têm de 250 mil a 500 mil páginas e vêm de diversas fontes: estudos clínicos, correspondência, bancos de dados de fabricação, escritório de patentes, anotações de laboratórios de pesquisa etc. Todo esse material precisa ficar congelado no tempo como uma cópia mestre, para que sirva como referência a todas as mudanças subsequentes nas informações postadas e rastreadas. É um pesadelo e custava pequenas fortunas para as empresas do setor, basicamente *1 milhão de dólares por dia*!

Resolvendo esse problema caro, a Documentum assegurou um cliente muito comprometido. O comprometimento não veio de uma organização de TI, que estava *pragmaticamente* contente por trabalhar com seus revendedores consagrados, fazendo melhorias contínuas na infraestrutura de gerenciamento de documentos existente. Pelo contrário, vinha dos superiores, que, vendo na Documentum uma chance de reformular o processo inteiro com um final muito diferente, ignorou as pessoas internas e exigiu que dessem suporte ao novo paradigma. Isso é um padrão ao atravessar o abismo. Normalmente são os departamentos que lideram (eles têm o problema), os executivos que priorizam (o problema causa conflitos em toda a empresa) e os técnicos que obedecem (eles precisam fazer a novidade funcionar, ainda mantendo a antiga estrutura).

Em um ano, a Documentum demonstrou que poderia resolver o problema e trinta das quarenta empresas principais tinham adotado sua solução. Foi isso que levou suas vendas para US$8 milhões, depois para US$25 milhões. Mas a receita posterior veio do efeito boliche no marketing de nicho.

Dentro das indústrias farmacêuticas, a Documentum se tornou o padrão para todas as tarefas de gerenciamento de documentos, então isso passou do grupo de assuntos regulatórios para pesquisadores e produção. Assim que alcançou a produção e os responsáveis pela manutenção, que a utilizavam para montar e manter a documentação em todos os sistemas e procedimentos da fábrica, reconheceram que as fábricas tinham as mesmas necessidades quanto ao processo e levaram o produto para químicos regulamentados, não regulamentados e refinarias de petróleo. Quando o produto chegou nas refinarias, o que as pessoas chamam de parte downstream do negócio, o pessoal de TI reconheceu uma ferramenta que poderia resolver o maior problema no negócio upstream, exploração e produção. Nesse ponto, a principal preocupação é o gerenciamento das propriedades arrendadas, quais opções estão disponíveis, o que está no contrato, quem mais está envolvido etc. É um emaranhado de contingências inter-relacionadas e sem um sistema para gerenciar documentos, isso era feito em grande parte boca a boca e com arquivos de papel. A Documentum entra para ser um grande sucesso. Então esse sucesso chamou a atenção de Wall Street, vendo que os mesmos instrumentos ajudariam a controlar melhor suas permutas e derivados. No final, acabou que os serviços financeiros foram o maior segmento de clientes da empresa e o mais importante, *não* era o segmento-alvo certo para atravessar o abismo porque suas necessidades, embora difundidas, não eram tão urgentes quanto as do setor farmacêutico.

E é essa a cadeia de eventos que levou a Documentum a ter mais de US$100 milhões em receita. Foi o marketing de nicho em sua melhor forma. Há dois pontos importantes nessa sequência inteira. O primeiro é derrubar o líder, controlar a área, atravessar o abismo (e encadear três metáforas combinadas para fazer isso!). O tamanho do líder não é problema, e sim o valor econômico do problema corrigido. Quanto mais grave o problema, mais rápido o nicho-alvo o tirará do abismo. Assim que sair, suas oportunidades para se expandir em outros nichos aumentam muito porque agora, tendo um conjunto de clientes pragmáticos sólidos na bagagem, você corre muito menos risco de que outras pessoas se firmem como um novo revendedor.

O segundo é ter se alinhado com outros segmentos de mercado nos quais pode aproveitar sua solução de nicho inicial. Isso permite que recomponha o ganho financeiro ao atravessar o abismo. Não é pelo dinheiro ganho no primeiro nicho, é a soma desse dinheiro mais os ganhos de todos os outros nichos subsequentes. É a avaliação do setor, não apenas do líder, que deve orientar o cálculo do ganho. É um ponto muito importante para os empreendedores que trabalham em grandes empresas e precisam lutar por financiamento em relação a oportunidades de mercado maiores e mais estabelecidos. Se o conselho executivo não consegue ver o mercado estendido, se veem apenas o primeiro nicho, não haverá fundos. Por outro lado, se você segue por outro caminho e lhes mostra um mercado em massa agregado, o resultado final sendo horizontal e com um hipercrescimento, eles financiarão, então você será demitido quando não gerar esses números espetaculares rapidamente. O modelo permite focar o mercado imediato, manter a taxa alta e o esforço de desenvolvimento do mercado focado, mas de olho na vitória maior.

Salesforce.com: Uma Empresa SaaS
Atravessa o Abismo

Desde o comecinho dos pacotes de aplicativos para empresas, o software sempre foi entregue como um produto para o centro de dados da empresa cliente, onde era instalado nos computadores e integrado nos sistemas de armazenamento e rede. Isso requeria que a empresa cliente fizesse grandes investimentos em equipamento e orçamentos operacionais para uma equipe especializada. E mais, exigia muitos esforços de integração dos sistemas, em geral custando muito mais que o software em si, às vezes até dez vezes mais. Quando o software era instalado, geralmente havia uma versão atualizada no mercado, mas o esforço investido era tão grande que os clientes normalmente deixavam de fazer os upgrades, privando-se de todas as inovações simplesmente porque adicioná-las era muito problemático. Era preciso ter uma maneira melhor.

Com o lançamento da Salesforce.com, o CEO Marc Benioff anunciou para o mundo que havia tal possibilidade, uma que resultaria no "fim do software". Era o *software como serviço*, mais tarde chamado de SaaS, com a ideia de que havia uma e apenas uma cópia do software sendo executada no centro de dados do revendedor, sendo usado por vários clientes ao mesmo tempo e acessado pela internet. Os dados de cada cliente ficariam isolados dos dados dos outros e a operação inteira era assegurada pela tecnologia mais recente gerenciada pelos especialistas mais competentes. Os clientes não precisavam de nenhum centro de dados, nenhuma equipe cara de profissionais de TI nem sistemas integrados para rodar o sistema. Para dizer o mínimo, era disruptivo; pouco para o cliente, mas muito para um ecossistema inteiro de aplicativos que ganhavam a vida com o antigo modelo.

Não se pode ameaçar tantas vidas sem gerar uma reação, e houve tal reação. O ecossistema corporativo exclamou que tal sistema era inseguro por natureza, que apenas um louco colocaria os dados da empresa "na nuvem". O ecossistema de PCs disse que tal aplicativo dependia por natureza da rede, significando tempos de respostas duvidosos e mais complexidade, além do pacote no PC sendo executado no servidor local. Os analistas céticos concordavam que a ideia estava à frente de seu tempo e a descartaram como outra noção ponto.com destinada ao fracasso. A maioria duvidou que a Salesforce conseguiria sequer chegar no abismo, quanto mais atravessá-lo. No entanto, ela se tornou a empresa de software que cresceu mais rápido na história, chegando a quase US$4 bilhões em vendas quando este livro foi escrito, com taxas de crescimento acima de 25%, mesmo com esse tamanho. Como eles conseguiram?

O interessante é que eles não buscaram um mercado vertical. Pelo contrário, focaram sua segmentação nas seguintes linhas:

- Visaram vendedores e gerentes apenas, não o atendimento ao cliente nem o marketing.

- Visaram as empresas de médio porte, grandes o bastante para precisarem de sistemas para competir com os líderes de mercado em suas categorias, pequenas o bastante para não conseguirem ter o investimento de TI necessário.

- Focaram os EUA apenas, em parte para ficarem perto do cliente e porque eles sempre foram um país visionário no software para empresas.

- Focaram os setores com experiência em tecnologia, começando com a alta tecnologia em si, então seguindo com serviços de telefonia, farmacêuticos e financeiros.

Simplificando, o problema por eles endereçado era *fechar o trimestre*. Diferentemente dos pacotes estabelecidos de automação de vendas, vendidos para executivos para ajudá-los no orçamento e na previsão, a Salesforce foi planejada, acima de tudo, para ajudar os vendedores em si, dando a eles e a seus gerentes uma visibilidade direta nos canais, mostrando exatamente em qual estágio estava cada possível cliente, alertando-os quanto às ações que poderiam tomar para avançar. Ao contrário dos concorrentes, que demandavam um grande esforço para ficarem atualizados, mas davam pouco retorno em forma de ajuda diária, a Salesforce era uma ferramenta de produtividade real.

Os vendedores adoraram; pela primeira vez, acredite. E, como eles amaram, contaram para outros vendedores e a adoção viralizou, não porque um diretor de TI declarou que era um pacote novo, mas porque equipes individuais podiam se inscrever sem a ajuda do diretor ou, em alguns casos, sem mesmo sua aprovação. Por fim, como o SaaS é vendido como uma assinatura, o maior interesse da Salesforce era manter os clientes usando o produto e, como eles mesmos o executavam, podiam ver quem estava usando ou não, e focavam o suporte de acordo. Por oposição, embora os revendedores do pacote de software vendessem licenças corporativas por um preço fixo, muitas não eram usadas e ninguém era muito incentivado a fazer algo nesse sentido. Assim, onde a Salesforce entrava, expandia com pouca oposição.

A lição é que deve-se visar um segmento inicial que seja:

- grande o bastante para ter importância;
- pequeno o bastante para vencer; e
- bem adequado ao seu perfil.

Foi isso que a Salesforce fez. Limitando-se às atividades e aos orçamentos de um único departamento, conseguiu conquistar território mais rapidamente do que se tivesse buscado um conjunto de aplicativos cruzando vendas, serviço e marketing. Isso precisaria de muito mais aprovações e dava aos titulares muitas chances para errar ou, pelo menos, reduzir a velocidade do crescimento. Como todos os setores estavam nos EUA, "conheciam a tecnologia" e os revendedores acabaram mudando de trabalho mais do que outras profissões, houve muita ajuda cruzada, viralizando a demanda.

Não houve muita coisa que os titulares pudessem fazer para impedir isso. Tudo o que tentaram foi mantê-los fora da empresa, o que funcionou bem por um tempo, até que o banco Merrill Lynch desistiu e comprou 10 mil ações, então outras financeiras entraram na briga e o ataque teve força total. Na época, claro, o abismo estava bem no retrovisor.

VMware: Uma Infraestrutura Disruptiva Atravessa o Abismo

A VMware faz softwares que "virtualizam" computadores. O que isso significa? Basicamente, o software comanda um computador para que dois programas diferentes possam ser executados ao mesmo tempo entre si em total controle de seu próprio ambiente. Também pode fazer o oposto, controlando dois ou mais computadores ao mesmo tempo e fazendo com que pareçam uma única máquina grande. Seja como for, os aplicativos não veem o computador real, mas um "virtual", designado especificamente para a finalidade em mãos.

Certo, e daí? É claro que é exatamente a pergunta que o mundo sempre faz sobre uma inovação disruptiva e há uma sequência de respostas após o Ciclo de Vida de Adoção da Tecnologia. Veja como foi no caso da VMware.

O primeiro caso de uso adotado para o VMware veio dos tecnólogos que queriam executar os sistemas operacionais Windows e Linux no mesmo PC. É algo como querer andar em um automóvel a gasolina e gás natural; a menos que você seja especialista em tecnologia, é possível que não esteja interessado. Mas, se escreve código e ao mesmo tempo faz parte de uma organização maior, então é provável que precisará de um PC para aplicativos comerciais padrão (normalmente executados no Windows) e aplicativos técnicos que você desenvolve (em geral, executados em alguma variação do Linux). Nesse caso, conseguir fazer todo o trabalho em uma máquina é uma bênção. Portanto, quando a VMware lançou seu primeiro produto por US$99, com download na internet, visou o pós-venda do PC e conseguiu uma boa posição entre os apaixonados por tecnologia.

Os dois aplicativos seguintes eram mais ou menos extensões da mesma ideia, criando uma base maior para o mesmo software, atraindo basicamente os tecnólogos. O primeiro era para executar dois aplicativos Windows no mesmo PC servidor. Embora na teoria você não precise do VMware para fazer isso (o próprio Microsoft Windows suportava a capacidade), na prática havia muitos problemas e as pessoas não queriam isso. Como resultado, havia muitos PCs servidores dedicados a executar apenas um aplicativo, o que pode ficar caro, sobretudo quando o segundo ou o terceiro aplicativo não é usado com frequência. O VMware foi projetado para rodar em dois sistemas operacionais ao mesmo tempo, portanto não importava se fossem realmente iguais, e era robusto o suficiente para executar dois aplicativos em conjunto sem problemas, algo que criava erros no Windows. Outra pequena vitória para a astúcia tecnológica.

E isso levou a outra variação sobre o tema: executar um aplicativo em dois ou mais servidores. Aqui, o problema foi que o aplicativo era tão usado que ficava sem espaço em um único servidor. A resposta convencional era comprar um servidor maior. A resposta do VMware foi usar a capacidade sobressalente de um segundo servidor, com eficiência e de graça. Quando os orçamentos são grandes, podemos não nos preocupar. Mas, nos anos após a falência ponto.com, os departamentos de TI ficaram cada vez mais pressionados a fazer mais com menos. Outra vitória para o VMware.

Todos esses sucessos foram pré-abismo, com base em pessoas aplicando conhecimento técnico para resolver problemas incomuns. Para atravessar o abismo é preciso um caso de uso que apresente problemas igualmente desafiadores para as soluções status quo de forma recorrente. Para o VMware, o caso de uso para atravessar o abismo apareceu na fase de teste do ciclo de vida de desenvolvimento do software.

Pense nisso. Você desenvolve um código de forma quase privada e pode testar os erros em sua própria máquina. Mas, em algum momento, deseja executar em um ambiente de produção e, antes disso, quer testar com uma carga de produção. Você não pode colocá-lo literalmente em produção, portanto tem que preparar um conjunto de computadores sombra em paralelo, e isso requer muita capacidade de computação. E mais, você só quer que isso ocorra por um curto período de tempo, depois colocará o programa em produção e não precisará mais do teste. Mas essa abordagem de "ativar, desativar" é cara em termos de ter o hardware e o sistema configurado exatamente para simular o ambiente de produção com precisão.

O VMware chegou para ajudar. Não só seria possível reutilizar o hardware que já existe, como você poderia "salvar" seu ambiente de teste especializado para poder carregá-lo de volta em um instante. Isso significava que uma única fazenda de hardwares poderia simular vários casos de uso de produção e ficava disponível mais ou menos sob demanda. Foi uma grande vitória para todos os administradores de sistema e foi esse caso de uso que permitiu que a VMware atravessasse o abismo.

Assim que atravessou, outros casos de uso se seguiram, permitindo que a VMware chegasse a ser uma empresa de US$5 bilhões quando este livro foi escrito. Quando as necessidades do administrador de sistemas foram endereçadas, o foco mudou para o gerente de operações de TI. A notícia se espalhou e tivemos que fazer mais com menos; como podemos economizar dinheiro com o hardware? Resposta: "virtualizando" nossos PCs. Acabou que a capacidade não utilizada era impressionante, chegando a 90%! Era como se alguém pegasse um caminhão e começasse a descarregar PCs gratuitos. Não é de admirar que o VMware tenha crescido como mato durante esse período.

Os casos de uso posteriores passaram confiança ("Parece que o servidor de e-mail nunca mais fica inativo!"), deixando o vice-presidente de operações muito mais feliz e ágil ("A nuvem é muito legal!"), colocando um sorriso no rosto do diretor executivo. Resumindo, a virtualização se tornou uma estratégia de computação universal, um princípio fundamental de provisionar servidores em todos os aplicativos. Com certeza, foi bem depois de o abismo ter sido atravessado, mas saiba que foi o sonho desde o início. A principal lição aqui é que, apesar do tamanho desse sonho e de sua relevância para todos os vice-presidentes de operações e diretores executivos, o herói de nossa travessia do abismo foi o humilde administrador de sistemas com problema no nicho de mercado para simular ambientes de produção para testar softwares.

Da Ideia à Implementação

Os três exemplos anteriores mostram a ideia de atravessar o abismo. Agora é hora de ver a implementação real. Nos próximos quatro capítulos, dividiremos esse desafio em quatro partes. Primeiro, veremos como escolher o ponto de ataque, o local para atravessar, a praia, a peça principal. Então, veremos qual oferta vai assegurar esse mercado-alvo inicial e como nós, uma empresa jovem com recursos limitados, podemos dominar em campo tal oferta. Depois observaremos o cenário, identificando as forças que buscam nos tirar da praia e colocar de volta no abismo, e como podemos nos posicionar para o sucesso. Por fim, veremos os sistemas de vendas em si, preço e distribuição, para ajudar a escolher a abordagem certa para o mercado durante esse momento particularmente vulnerável.

A atitude crítica a manter em todos os quatro desafios é que a travessia do abismo representa um momento único na história da empresa. É o grito distante do seu passado, quando vender para os visionários era o segredo do sucesso, e do seu futuro, que será focado no nicho ou em programas de expansão de mercado em massa. Entre esses dois estágios, está um momento único de transição, a entrada no mercado tradicional, um ato de arrombar, invadir e entrar, que requer técnicas especiais usadas em nenhum outro momento no Ciclo de Vida de Adoção da Tecnologia.

4

O Alvo É o Ponto de Ataque

Em relação a atravessar o abismo, Yogi Berra estava certo:

"Se você não tem um objetivo, qualquer caminho serve."

O princípio fundamental para atravessar o abismo é visar um nicho de mercado específico como seu ponto de ataque e focar todos os recursos em conseguir uma posição de liderança dominante nesse segmento o mais rápido possível. De certo modo, é um problema simples de entrada no mercado, para o qual a abordagem certa é muito conhecida. Primeiro, divida o universo dos possíveis clientes em segmentos de mercado. Então, avalie cada segmento quanto à sua atratividade. Depois que os alvos se reduzirem a um número muito pequeno, os "finalistas", desenvolva estimativas de tais fatores como o tamanho dos nichos de mercado, a acessibilidade à distribuição e o quanto são bem defendidos pelos concorrentes. Assim, analisa um após o outro. Qual a dificuldade?

A resposta prática é que eu não sei, mas parece que ninguém faz isso muito bem, ou seja, é muito raro que as pessoas cheguem ao Grupo do Abismo com uma estratégia de segmentação de mercado já em mãos e, quando têm, em geral não confiam muito nela. Agora, são pessoas inteligentes, muitas fizeram administração de empresas e sabem tudo sobre essa segmentação, portanto não é por falta de capacidade intelectual nem de conhecimento que suas estratégias de segmentação têm problemas. Pelo contrário, o problema vem de uma hesitação inerente e falta de confiança relacionada aos efeitos paralisantes de ter que tomar uma *decisão de alto risco com poucos dados.*

Decisão de Alto Risco com Poucos Dados

Pense um pouco. Já sabemos que atravessar o abismo é uma empreitada de alto risco, o esforço de uma força de invasão desconhecida e sem comprovação de entrar no campo de um concorrente corajoso e estabelecido. Ou acertaremos ou perderemos uma boa parte, talvez tudo, do valor patrimonial em nosso esforço. Resumindo, há muitas implicações nesse tipo de decisão e uma punição severa se fizer errado.

Com isso em mente, reflita sobre tomar o que talvez seja a decisão de marketing mais importante na história da sua empresa *com pouca ou nenhuma informação relevante útil.* Visto que estamos tentando escolher um segmento-alvo de mercado em que ainda não entramos muito, por definição também não temos experiência nessa área. E mais, como estamos introduzindo uma inovação descontínua nesse mercado, ninguém tem uma experiência direta para prever o que acontecerá. O mercado no qual entraremos, por definição, não experimentou nosso tipo de produto antes. E as pessoas que já tiveram experiência com nosso produto, os visionários, são tão diferentes em relação ao perfil psicográfico de nossos novos clientes-alvo (os pragmáticos) que devemos ter muito cuidado para não extrapolarmos nossos resultados até o momento, ou seja, estamos em um estado de alto risco com poucos dados.

Agora, se você analisa estudos de caso estabelecidos na segmentação do mercado, provavelmente descobrirá que eles se basearão no trabalho feito nos problemas de participação nos mercados existentes, isto é, o trabalho feito quando já existe uma boa quantidade de dados a usar. Existem paradigmas preciosos para proceder quando não se pode examinar os dados de participação no mercado, aliás, não é nem possível realizar uma entrevista fundamentada com um cliente existente do tipo que você busca conquistar agora. Resumindo, você está sozinho.

No momento, o maior erro que se pode cometer é usar informações numéricas como fonte de refúgio ou apoio. Todos nós conhecemos as mentiras, as benditas mentiras, e as estatísticas, mas, para os dados numéricos do marketing, precisamos abrir uma nova classe de embuste. É como salsicha: seu apetite diminui muito assim que sabe do que é feita. Em particular, o tipo de previsão do tamanho do mercado que surge até das agências mais respeitadas — aquelas que são citadas na mídia mostrando um futuro brilhante e promissor para alguma nova tecnologia ou produto — está necessariamente enraizado em várias suposições. Cada uma tem um grande impacto na projeção resultante, cada uma representa um julgamento testado, mas arbitrário de certo analista de mercado, e todas geralmente estão bem documentadas em relatórios, mas também em geral são ignoradas por qualquer pessoa que a cita. E, assim que um número é mencionado na mídia, que Deus nos ajude, é porque se tornou *real*. Sabemos que é real porque logo vemos novos números brotando, com declarações de legitimidade baseadas em outros números "aceitos".

Como se pode ver, tudo isso é um castelo de cartas. Em certos contextos, até tem alguns usos, sobretudo naqueles em que os gerentes financeiros precisam lidar em um nível macro com os mercados de alta tecnologia. Mas é uma grande tolice usar tais números para desenvolver estratégias de marketing para atravessar o abismo. Seria como usar um mapa-múndi para ir do aeroporto de São Francisco a Ferry Plaza.

Contudo, é o que algumas pessoas tentam fazer. Assim que os números aumentam no gráfico, assim que são abençoados com uma autenticidade plausível, eles se tornam os controladores das situações de alto risco com poucos dados porque as pessoas são muito ansiosas para ter dados. É quando as ouvimos dizer coisas como: "Será um mercado de bilhões de dólares em 2016. Se conseguíssemos apenas 5% dele..." Quando ouvir isso, saia com elegância, segurando sua pasta.

Agora, a maioria que chega ao Grupo do Abismo é mais sofistica-da. Essas pessoas sabem que os números não fornecem as respostas de que elas precisam. Mas isso não significa que se sentem melhor quanto a ter que tomar uma decisão de alto risco com poucos dados; significa, de fato, que elas estão frustradas. Nosso trabalho é fazer com que saiam desse estado semiparalisado e voltem para a ação.

A única resposta adequada para a situação é reconhecer a falta de dados como uma condição do processo. Com certeza, você pode combater a ignorância de reunir dados altamente focados por si mesmo. Mas não é possível esperar transformar rapidamente uma situação de poucos dados para uma com muitos. E, como você deve agir rápido, precisa abordar a decisão de um ponto de vista diferente. É necessário entender que a *intuição fundamentada*, ao contrário da *razão analítica*, é a ferramenta de tomada de decisão mais confiável a ser usada.

Intuição Fundamentada

Apesar da ansiedade de nossa cultura com relação a contar com processos não verbais, há situações em que é simplesmente mais eficiente substituir as táticas do lado direito do cérebro pelas do lado esquerdo. Pergunte a qualquer grande atleta, artista ou líder carismático, pergunte a qualquer grande tomador de decisão. Todos eles descrevem um processo parecido, em que os meios analíticos e racionais são muito usados no preparo e na revisão de um momento central do desempenho. Mas, no momento em si, as decisões reais são tomadas por intuição. A pergunta é: como podemos usar essa evidência a nosso favor para atravessarmos o abismo de modo racional e previsível?

O segredo é entender como a intuição, especificamente a *intuição fundamentada*, realmente funciona. Ao contrário da análise numérica, ela não conta com o processamento de uma amostra de dados com significância estatística para conseguir certo nível de confiança. Pelo contrário, envolve conclusões baseadas no isolamento de algumas imagens de alta qualidade (na verdade, fragmentos de dados) que ela pega como arquétipos de uma realidade mais ampla e complexa. Essas imagens simplesmente se destacam no fervilhar mental que circula em nossas cabeças. São as imagens de que lembramos. Portanto, a primeira regra ao trabalhar com uma imagem é: se não consegue lembrar dela, nem tente, porque não vale a pena. Ou, colocando de uma forma positiva: trabalhe apenas com imagens marcantes.

Como na literatura, em que personagens inesquecíveis como Hamlet, Heathcliff, Dumbledore ou Voldemort se destacaram e se tornaram símbolos para um segmento maior da humanidade, no marketing, uma população-alvo inteira pode ser imaginada como

Gen X, Gen Y, góticos, geeks, beibers, Dinc (dois ingressos, nenhuma criança) ou Henrys (alta renda, ainda não ricos). São apenas imagens (substitutas para uma realidade maior) escolhidas em um conjunto muito maior de imagens candidatas com base no que realmente "despertam" na soma total da experiência de uma pessoa esclarecida. Cada uma é efeito de um "exemplo típico".

Vamos chamar esses exemplos de *caracterizações* porque representam comportamentos característicos do mercado. Os "beibers", por exemplo, podem comprar em um shopping center, imitar uma estrela do rock, buscar aprovação de amigos e resistir às restrições parentais — tudo indicando que certas táticas de marketing serão mais bem-sucedidas do que outras para ganhar seu dinheiro. Agora, os *visionários*, *pragmáticos* e *conservadores* representam um conjunto de imagens análogas aos góticos ou aos geeks, apesar de um nível mais alto de abstração. Para cada um desses rótulos, também há comportamentos característicos do mercado, especificamente em relação a adotar uma inovação descontínua, a partir dos quais podemos prever o sucesso ou o fracasso das táticas de marketing. O problema é que são abstratos demais. Eles precisam ser mais concretos, mais específicos do mercado-alvo e isso é função da *caracterização do cliente-alvo*.

Caracterização do Cliente-alvo: O Uso de Cenários

Primeiro, observe que não focamos aqui a caracterização do mercado-alvo. Grande parte dos esforços de segmentação do marketing para atravessar o abismo tem problemas no começo, quando focam um mercado-alvo ou um segmento-alvo, não um *cliente-alvo*.

Os mercados como categorias são coisas impessoais e abstratas: mercados do smartphone, do roteador de gigabits, do escritório computadorizado etc. Nem os nomes nem as descrições dos mercados despertam imagens marcantes; eles não provocam a cooperação de nossas faculdades intuitivas. Na verdade, não são "mercados" no sentido como usamos o termo, não se referem a populações de clientes, mas a grupos de concorrentes.

Precisamos trabalhar com algo que dê mais dicas sobre como proceder na presença de pessoas reais com motivos complexos. Contudo, como não temos clientes reais por enquanto, ou, pelo menos, não muitos deles, só nos resta criá-los. E assim que temos suas imagens na mente, podemos deixá-los nos guiar no desenvolvimento de uma verdadeira abordagem responsiva para suas necessidades.

A caracterização do cliente-alvo é um processo formal para criar essas imagens, tirando-as das cabeças individuais e colocando-as diante de um grupo de tomada de decisão para o desenvolvimento do mercado. A ideia é criar o máximo possível de caracterizações, uma para cada tipo diferente de cliente e aplicação do produto. (Quando isso começa a acumular, elas começam a parecer umas com as outras, de modo que, entre vinte e cinquenta, você percebe que está apenas repetindo as mesmas fórmulas com pequenos ajustes e que, de fato, traçou de oito a dez alternativas distintas.) Assim que construímos uma biblioteca básica de possíveis perfis de clientes-alvo, podemos aplicar um conjunto de técnicas para reduzir esses "dados" em uma lista priorizada de oportunidades desejadas de segmentos do mercado-alvo. As aspas em *dados* são importantes, claro, porque ainda estamos operando em uma situação com poucos dados. Apenas temos um conjunto melhor de *material* com o qual trabalhar.

Impressão em 3D: Um Exemplo Ilustrativo

Para visualizarmos, vamos considerar como podemos comercializar uma impressora 3D. Quando escrevi este livro, ela chamava muita atenção da mídia, portanto com certeza há um mercado inicial aqui. Basicamente, colocamos um arquivo CAD 3D do objeto que queremos e a máquina constrói manipulando um fluxo de polímero ou depositando camadas sucessivas de um substrato. Vários artefatos foram modelados, tudo, desde brinquedos, joias e trabalhos de arte até próteses médicas e moldes industriais, e a variedade e a delicadeza das formas são incríveis.

Agora, vamos supor que, nos próximos anos, as impressoras 3D continuem a conquistar um mercado inicial dos apaixonados por tecnologia ("Ei, quer ver os chinelos legais que fiz ontem?") e dos visionários ("Com a impressão em 3D, podemos mudar como a fabricação de armações de óculos é realizada; ao invés de fabricar e distribuir, podemos distribuir e fabricar! Pense nas reduções em estoque e nas oportunidades de personalização em massa!"). A Invisalign, líder em ortodontia de última geração, padronizou métodos para criar seus instrumentos e está revolucionando o setor. As indústrias que atendem grandes fabricantes de equipamentos estão usando-os para uma modelagem rápida, garantindo que conseguem a ferramenta certa antes de iniciar a produção em massa. E Tom Cruise colocou uma impressora 3D em seu filme, fabricando uma arma de plástico que não é detectada pela fiscalização convencional. Agora é hora de correr atrás do mercado tradicional, tirando a fatia dos produtos fabricados tradicionalmente. Por onde começar?

É um caso clássico de "Muitos segmentos, pouco tempo"; exatamente o melhor tipo para os cenários do cliente-alvo. Um formato representativo para qualquer cenário é mostrado na seção a seguir. Um cenário final deve ser limitado a uma única página. Como verá no exemplo, é um exercício muito tático no microcosmos, mas tem implicações maiores para como a estratégia de marketing é definida no geral. Portanto, conforme trabalhamos no exemplo, também ficaremos atentos às implicações mais abrangentes.

Cenário de Exemplo

1. INFORMAÇÕES DO CABEÇALHO. No topo da página, você precisa de uma pequena informação sobre o usuário final, comprador técnico e comprador econômico da oferta. Para os mercados de negócios, os principais dados são: setor, geografia, departamento e função. Para os mercados do consumidor, os dados são demográficos: idade, sexo, situação econômica, grupo social.

   Para nosso exemplo, focaremos um designer de iluminação que colocou no mercado uma nova linha de luminárias para casa. O plano é vendê-las por meio de distribuidores atacadistas para decoradores de interiores e designers que atuam como agentes de uma clientela com bom poder aquisitivo. Nesse contexto, nossa principal informação do cabeçalho é:

   Comprador econômico: O cliente que, afinal, paga pela luminária.

   Usuário final: O designer de interior que orientará o cliente ao fazer a escolha.

   Comprador técnico: Quem faz a manutenção da casa ou o empreiteiro que instalará a luminária.

Nota: nos cenários do consumidor padrão, as três funções do usuário, do comprador técnico e do comprador econômico tendem a se fundir em uma ou duas. Se o usuário é uma criança, o comprador econômico é um dos pais e o comprador técnico é uma incógnita (em nossa casa, é a criança, com certeza). Se o usuário é um adulto, o comprador econômico muitas vezes é o cônjuge (tipo, tudo bem eu gastar nosso dinheiro nesse acessório?) e o comprador técnico tende a ser o usuário. Mas tem uma ressalva: é muito difícil atravessar o abismo em um mercado do consumidor. Quase todas as travessias bem-sucedidas acontecem nos mercados de negócios, onde os recursos econômicos e técnicos podem absorver os desafios de uma oferta prematura de produto e serviço. Como alternativa, os mercados do consumidor podem se unir sem abismos se a tecnologia já foi adotada e a disrupção vem de um novo modelo comercial (para ver um modelo alternativo de desenvolvimento do mercado que descreve essa dinâmica, leia a análise "As Quatro Engrenagens" no Apêndice 2).

Voltando ao nosso processo, que é uma cadeia de valor B2B2C, em que o distribuidor e o designer são intermediários entre o fabricante e o consumidor, a ideia por trás das informações do cabeçalho é focar as equipes de marketing e P&D em um caso específico de como o produto seria comprado e usado. Isso é chamado de *caso de uso*. Não se preocupe em focar muito esse ponto; na verdade, quanto mais específico, melhor. O perigo sempre está nos detalhes e esses cenários são para manter o contato visual com o problema.

2. **Um dia qualquer (antes).** A ideia aqui é descrever uma situação na qual o usuário está empacado, com consequências significativas para o comprador econômico. São cinco os elementos que precisam ser capturados:

- *Cenário ou situação*: Foque o momento de frustração. O que está acontecendo? O que o usuário quer?
- *Resultado desejado*: O que o usuário está tentando? Por que é importante?
- *Abordagem tentada*: Sem o novo produto, como o usuário lida com a tarefa?
- *Fatores de interferência*: O que dá errado? Como e por que dá errado?
- *Consequências econômicas*: E daí? Qual é o impacto de o usuário não conseguir realizar a tarefa de modo produtivo?

Usando luminárias como exemplo, podemos gerar o seguinte:

Cenário ou Situação: David T é designer de interiores com clientes ricos, mas com alta demanda que querem acessórios "perfeitos" para as salas de estar e jantar reformadas. David também tem padrões muito altos e alguns deles são para encontrar algo muito especial.

Resultado desejado: Localizar e encontrar luminárias que melhorem e estendam os temas da decoração das duas salas. A meta é combinar um formato marcante com linhas simples e cores sutis, variando um tema em vários acessórios diferentes. Isso requer que um designer proponha vários projetos de diferentes tamanhos e escala utilizando um conjunto comum de materiais.

ABORDAGEM TENTADA: David percorreu a Região de Design por dias, indo a todas as fontes mais confiáveis, reunindo muitas imagens e catálogos. Ele analisou com sua cliente, chegando a uma noção cada vez mais precisa do que eles procuram, mas infelizmente não encontraram. Algumas ligações não deram o resultado desejado, assim eles saíram para ver em exposição.

FATORES DE INTERFERÊNCIA: O problema dessa abordagem é que David e a cliente gostariam de "projetar juntos" os acessórios para que se integrem perfeitamente com os outros temas na casa. Infelizmente, esses acessórios já estão desenhados e o setor inteiro se baseia em escolher o que está disponível. E mais, o estoque que precisaria ser exibido para uma seleção completa é excessivamente caro, significando que muitos itens do catálogo acabam sendo comprados sem serem vistos (então devolvidos se inadequados). É claro que é o desafio recorrente de um modelo de comércio varejista.

CONSEQUÊNCIAS ECONÔMICAS: A cliente de David não fica contente, o que significa que ele também não está. Parece que acabarão tendo que se contentar com algo bom, mas não "perfeito", arruinando a promessa essencial de David e a confiança da cliente em sua capacidade de entregar o que foi prometido. Além disso, o atacadista que faz o negócio não consegue a fidelidade do cliente (David) porque ele também faz parte dessa cadeia de compromissos.

3. **Um dia qualquer (depois).** Agora a ideia é enfrentar a mesma situação, com o mesmo resultado desejado, mas reproduzir o cenário com a nova tecnologia. Aqui você só precisa capturar três elementos:

- *Nova abordagem:* Com o novo produto, como o usuário final lida com a tarefa?
- *Fatores determinantes*: Qual é a nova abordagem que permite que o usuário fique livre e seja produtivo?
- *Recompensas econômicas*: Quais custos são evitados ou benefícios são conquistados?

Continuando com o exemplo das luminárias, podemos gerar o seguinte:

Nova abordagem: David e a cliente examinaram catálogos e imagens na web boa parte da semana e finalmente decidiram por um design. É uma variação de alguns produtos reais que foram desenhados por David, com informações da cliente. Eles levam esse design a um atacadista de acessórios que faz impressão em 3D. Essa pessoa trabalha com um designer freelance que consegue escanear o desenho de David e convertê-lo em um arquivo CAD. Ao mesmo tempo, o atacadista trabalha com David para escolher o material e o acabamento adequados para o acessório fabricado. Então, o arquivo CAD e o material são inseridos na impressora e ela produz um acessório final. Se a cliente ainda quiser ajustar um pouco mais, isso pode ser feito de imediato atualizando o arquivo e a impressora de novo. E mais, ajustando os parâmetros no arquivo, os acessórios podem ser produzidos em diferentes escalas, tudo compartilhando o mesmo design.

Fatores determinantes: As impressoras 3D permitem uma fabricação sob demanda. Isso elimina despesas e o compromisso de precisar escolher em um estoque pré-fabricado. Eles têm uma flexibilidade incrível porque as duas entradas principais (arquivos CAD e material de impressão) podem ser modificadas de imediato para atender uma grande variedade de requisitos de design. Os sistemas de software CAD executados em PCs comuns agora têm capacidade suficiente e podem rapidamente adaptar os projetos, e as impressoras 3D, tendo o mesmo custo dos PCs, são rápidas o bastante para produzir artefatos em uma questão de horas.

Recompensas econômicas: A cliente de David está empolgada com o resultado. Não só está feliz por pagar mais pelos acessórios, mas por pagar os honorários do designer. Na verdade, ela está pensando em refazer as luminárias no resto da casa. O atacadista está encantado por ter produzido um resultado satisfatório, sem mencionar o alívio de não ter um grande estoque de produtos para dar suporte a um fluxo relativamente pequeno de vendas reais. Enquanto isso, os fabricantes de luminárias estão vendo o sinal dos tempos e começando a publicar projetos adequados à impressão 3D. Eles serão mais baratos, com certeza, mas com margens muito maiores, portanto eles esperam que, no final das contas, ganhem mais dinheiro com menos capital em relação ao passado. E, como os designs são apenas software, é muito mais fácil exibi-los virtualmente na web, sem a necessidade de estandes em exposições caras.

Processando o Cenário: Checklist
da Estratégia de Desenvolvimento do Mercado

A caracterização do cliente-alvo é a essência da aplicação da estratégia de segmentação do mercado no problema de atravessar o abismo. Ela fornece os "dados". Suponha que tenhamos passado um dia com um grupo de dez ou mais membros experientes da empresa de impressão 3D compilando uma biblioteca de, digamos, dez a vinte cenários desse tipo. Nessa biblioteca, capturamos casos de uso reais de cada cliente real, cada possibilidade interessante que é ganha, perdida ou está em espera, assim como outras possibilidades que podemos conhecer do passado.

Não é uma pesquisa de segmentação formal, levou muito tempo e o resultado é muito enxuto. Pelo contrário, ela aproveita fatos curiosos que realmente transmitem o conhecimento comercial em nossa cultura. Como grande parte é história, esses cenários incorporarão ficções, mentiras, preconceitos e outros. Todavia, são de longe a forma de dados mais útil e precisa com a qual trabalhar nesse estágio do processo de segmentação. Comparando com os códigos SIC, por exemplo, são modelos de precisão e integridade. Mas ainda estão em estado bruto na melhor das hipóteses e agora é hora de enviá-los para a refinaria, a Checklist da Estratégia de Desenvolvimento do Mercado.

Essa lista consiste em um conjunto de problemas em torno de quais planos de entrada no mercado são criados, cada um incorporando um fator de travessia do abismo, como a seguir:

- Cliente-alvo

- Motivo convincente para comprar

- Produto completo
- Parceiros e aliados
- Distribuição
- Preço
- Concorrência
- Posicionamento
- Próximo cliente-alvo

Processar os cenários consiste em classificar cada um quanto a um dos problemas. O processo ocorre em dois estágios. No Estágio 1, todos os cenários são classificados quanto a quatro "obstáculos". Pontuações baixas geralmente eliminam o cenário de uma futura consideração *como segmento de conquista*, ou seja, pode ser bom buscar o nicho após o abismo ser atravessado, mas não é um alvo bom para a travessia em si.

Os cenários que passam do primeiro corte são classificados quanto aos cinco fatores restantes. Nos dois estágios, pontuações são atribuídas a cada fator e os cenários são ordenados pela pontuação. No final do processo, as pontuações mais altas são adotadas como os melhores alvos para atravessar o abismo. Eles são analisados ainda mais até que a equipe se comprometa com um, e apenas um, alvo inicial.

Os itálicos acima são para responder à pergunta frequente do Grupo do Abismo: *não podemos procurar mais de um alvo?* A resposta simples é não (a resposta mais complexa também é não, mas demora mais para explicar). Assim como não é possível rebater duas bolas com um movimento do bastão de basebol, acertar dois pássaros com uma pedra ou escovar os dentes e o cabelo ao mesmo tempo, você não pode atravessar o abismo em dois lugares. Já vimos isso, claro, mas acredite, ninguém consegue fazer com muita frequência.

Voltando à checklist, os quatro fatores que são obstáculos para atravessar o abismo são os seguintes:

CLIENTE-ALVO: Existe algum comprador econômico identificado para a oferta, prontamente acessível no canal de vendas que pretendemos usar e com fundos suficientes para pagar o preço do produto completo? Na ausência de tal comprador, as equipes de vendas perdem um tempo valioso convencendo grupos de pessoas na tentativa de gerar um patrocinador. Os ciclos de vendas se arrastam eternamente e o projeto pode ser encerrado a qualquer momento.

MOTIVO CONVINCENTE PARA COMPRAR: As consequências econômicas são suficientes para deixar qualquer comprador econômico razoável ansioso para corrigir o problema citado no cenário? Se os pragmáticos puderem conviver com o problema por outro ano, assim será. Mas continuarão dispostos a aprender mais. Portanto, seus vendedores serão convidados a voltar sempre, só não será com pedidos de compra. Pelo contrário, eles informarão que o cliente disse "Ótima apresentação!", mas o que ele realmente disse foi: "Aprendi mais e não preciso comprar nada."

PRODUTO COMPLETO: Nossa empresa, com a ajuda de parceiros e aliados, pode colocar em campo uma solução completa para dar ao cliente-alvo um motivo convincente para comprar nos próximos três meses, de modo que possamos ficar no mercado até o final do próximo trimestre e dominar o mercado nos doze meses subsequentes? O tempo está passando. Precisamos atravessar agora, o que significa que precisamos de um problema que possa ser resolvido agora. Qualquer ameaça sem solução pode nos derrubar.

CONCORRÊNCIA: Esse problema foi endereçado por outra empresa, de modo que eles atravessaram o abismo na nossa frente e ocuparam o espaço que estávamos visando? Dick Hackborn, o executivo da HP que liderou o movimento das impressoras a laser, tinha um ditado favorito: "Nunca ataque uma colina fortificada." É igual para os mercados iniciais. Se alguma outra empresa chegou antes, toda a dinâmica de mercado que você busca para trabalhar a seu favor já trabalha a favor dela. Não entre.

Quando os cenários são pontuados em relação a esses quatro fatores, de 1 a 5, a pior pontuação agregada que eles conseguem é 4, a melhor é 20, com os casos de pontuação mais alta sendo os preferidos. Mas existe outra ressalva. Uma pontuação muito baixa em relação aos outros, em qualquer um dos fatores, quase sempre é um obstáculo. Portanto, não é apenas a pontuação isolada que importa. No caso de dúvida, favoreça os cenários com um grande motivo convincente para comprar. Se eles já atraíram um concorrente, veja se você não pode driblá-los. Espere que os melhores cenários serão o "produto completo desafiado"; se fosse fácil, outra pessoa o teria feito. Na verdade, o fato de que é difícil criará uma barreira na entrada a seu favor assim que abordar a situação.

Os fatores restantes ficam na categoria "é bom ter", ou seja, muitas vezes, as pontuações baixas podem ser superadas, com investimento e tempo. Mas, como investimento e tempo são dois recursos muito escassos, mais barato e mais cedo são atributos muito desejados em um cenário de mercado-alvo. Veja como eles acontecem:

PARCEIROS E ALIADOS: Já temos relações com outras empresas necessárias para atender o produto completo? Se você tem, normalmente é de um único projeto do mercado inicial, caso contrário, é uma sorte. Trabalhar em parceria é um grande desafio para o gerente de produtos completos.

DISTRIBUIÇÃO: Temos um canal de vendas que possa ligar para o cliente-alvo e atender os requisitos do produto completo colocados na distribuição?

Utilizar o time da casa requer certa fluência na linguagem do nicho-alvo e os relacionamentos existentes com as pessoas aceleram muito o processo. Sem isso, em geral as empresas contratam uma pessoa bem relacionada no setor-alvo e permitem que ela lidere a equipe de vendas.

PREÇO: O preço do produto completo é consistente com o orçamento do cliente-alvo e o valor ganho corrigindo o processo fragmentado? Todos os parceiros, inclusive o canal de distribuição, são compensados o suficiente para manterem sua atenção e fidelidade?

Observe aqui que o preço do produto completo, não do produto em si, é o que importa. Em geral, os serviços ficam com grande parte do total do produto.

Posicionamento: A empresa é confiável como provedora de produtos e serviços para o nicho-alvo?

No começo, a resposta geralmente é "Não muito". Mas uma das alegrias do marketing de nicho é a velocidade com a qual essa resistência pode ser superada se apenas uma pessoa se compromete com um produto completo que corrige o processo fragmentado.

Próximo cliente-alvo: Se temos sucesso ao dominar nicho, temos um bom "pino de boliche" em potencial? Ou seja, clientes e parceiros facilitarão nossa entrada nos nichos adjacentes?

É uma importante questão da estratégia. A travessia do abismo não é o fim, mas o começo do desenvolvimento do mercado tradicional. É importante que tenhamos outros nichos de continuação que possam ser endereçados com lucro. Do contrário, a economia do marketing de nicho simplesmente não se sustentará.

Depois dos cenários que passaram na primeira rodada de obstáculos terem pontuado no segundo conjunto de fatores e serem ordenados pela pontuação, a equipe extraiu todos os "dados" que o processo pode fornecer. Agora é hora de tomar a decisão de alto risco com poucos dados e seguir em frente.

Comprometendo-se com o Ponto de Ataque

Assumir compromisso com um nicho de mercado pode ser desafiador, sobretudo para os empreendedores apaixonados por tecnologia ou visionários, pois eles não têm pessoalmente a resposta do pragmático, assim, têm problemas para confiar na dinâmica do mercado descrita neste livro. É um momento decisivo para eles. A startup deve atravessar ou morrer, mas de que vale a vida se para ganhar algo é preciso ir contra o que há de melhor em nós? Não é uma pergunta fácil de responder.

Quando encaramos decisões desagradáveis, normalmente é melhor tomá-las rápido, entrar no novo fluxo e planejar uma correção no futuro. É a estratégia da canoagem, em que hesitar na decisão da maioria é um comportamento certo para virar o barco. Quando você escolher, vá com tudo nessa direção, apesar das dúvidas. É exatamente assim ao atravessar o abismo.

A boa notícia é que você não precisa escolher o mercado inicial ideal para ter sucesso. O que deve fazer é conquistar o mercado selecionado. Se houver um problema genuíno no segmento, terá que fazer o cliente-alvo torcer por você. Se é um problema difícil e o segmento é razoavelmente pequeno, é provável que não terá concorrência para distraí-lo. Isso significa que pode focar toda sua atenção no produto completo, que é onde ela precisa estar. Acerte nisso e vencerá.

O que poderia fazê-lo mudar de curso? Muitas vezes, o cenário que orienta o esforço é baseado em uma falsa suposição. Para se proteger, você deve fazer uma pesquisa de mercado no início do processo especificamente para validar o cenário vencedor. Mas não deve aguardar a conclusão da pesquisa antes de avançar. O inimigo no abismo sempre é o tempo. Você deve forçar o ritmo sempre, mesmo quando tem dúvidas, porque ficar parado faz o jogo dos revendedores existentes e do status quo.

E Sim, o Tamanho Importa

Por fim, quando você está a ponto de assumir o compromisso com o segmento-alvo, cedo ou tarde surge o problema de quanta renda o segmento pode gerar. Nesse ponto, normalmente as pessoas pensam que maior é melhor. Mas, na verdade, quase nunca é assim. Veja o motivo.

Para se tornar uma empresa operante, uma entidade constante no mercado, é necessário ter um segmento de mercado com o qual se comprometerá como o padrão de fato para permitir um processo comercial crítico. Para ser um padrão real, você precisa conquistar pelo menos a metade, e de preferência muito mais, dos novos pedidos no segmento no ano seguinte. É o tipo de desempenho do revendedor que faz os clientes pragmáticos abrirem os olhos. Ao mesmo tempo, você ainda terá pedidos de outros segmentos. Faça os cálculos.

Suponha que consiga ter metade dos pedidos do segmento-alvo no ano seguinte; nenhuma façanha, considerando que, dias atrás, você não tinha nada para focar. Digamos que sua renda-alvo seja de US$10 milhões no geral. Isso significa US$5 milhões do segmento-alvo. Também significa que os mesmos US$5 milhões têm que representar pelo menos metade dos pedidos totais do segmento. Caso você tenha o impacto desejado de líder do mercado, ou seja, se a empresa tiver US$10 milhões no ano seguinte, não desejará atacar um segmento maior que US$10 milhões. Ao mesmo tempo, deve ser grande o bastante para gerar US$5 milhões para você. Portanto, as regras básicas ao atravessar o abismo são simples: *grande o bastante para ter relevância, pequeno o bastante para liderar, com o tamanho certo para suas necessidades.*

Se acha que o segmento-alvo é muito grande, segmente-o. Mas tenha cuidado aqui. Você deve respeitar os limites do boca a boca. A meta é se tornar um peixe grande em um pequeno lago, não um que se debate ao tentar acertar algumas poças de lama. A melhor segmentação secundária é baseada em grupos de interesse especiais na comunidade geral. Normalmente, eles são muito interligados e formados porque têm problemas muito específicos para resolver. Em sua ausência, a geografia costuma ser uma variável de segmentação secundária segura, contanto que afete como as comunidades se reúnem.

Se o segmento-alvo é pequeno demais para gerar metade das vendas do ano seguinte para o novo produto, então é preciso aumentá-lo. De novo, tenha o cuidado de respeitar os limites genuínos da segmentação. Se não houver nenhum supersegmento adequado, é provável que você deva voltar e escolher outro alvo.

Resumo: Processo de Seleção do Mercado-alvo

Temos dito o tempo todo que o material neste capítulo e nos três capítulos seguintes é tático por natureza, ou seja, composto de tarefas e exercícios relativamente específicos que podem, e devem, ser realizados de forma recorrente em uma grande empresa. Como um modo de recapitular o material, no final de cada capítulo haverá uma checklist das atividades, como um meio de gerenciar um grupo nesse processo ou testar o resultado final da tomada de decisão de marketing de um grupo.

Para escolher o segmento do mercado-alvo que servirá como ponto de entrada para atravessar o abismo até o mercado tradicional, a checklist é a seguinte:

1. Desenvolva uma biblioteca de cenários de cliente-alvo. Baseie-se em alguém na empresa que gosta de sugerir cenários, mas saia dos trilhos para obter informações das pessoas nas funções de contato com o cliente. Continue adicionando até que novos acréscimos não passem de pequenas variações nos cenários existentes.

2. Nomeie uma subcomissão para fazer a seleção do mercado-alvo. Mantenha-a a menor possível, mas inclua qualquer um que possa vetar o resultado.

3. Numere e publique os cenários por escrito, uma página por cenário. Junto com o pacote, forneça uma planilha com os fatores de classificação atribuídos em colunas e os cenários em linhas. Divida os fatores de classificação em dois subtotais, primeiro os obstáculos, depois a parte boa.

4. Faça com que cada membro da subcomissão classifique em particular cada cenário nos fatores de obstáculo. Desdobre as classificações individuais em uma classificação de grupo. Durante o processo, discuta sobre qualquer desacordo maior sobre as pontuações. Em geral, isso mostra diferentes pontos de vista sobre o mesmo cenário e é essencial não apenas para dar o foco correto à oportunidade, mas também para abrir caminho para um futuro consenso que será adotado.

5. Classifique em ordem os resultados e separe os cenários que não passaram no primeiro corte. Normalmente é cerca de dois terços das propostas.

6. Asse em um forno de 400°... (Opa! Livro errado. Desculpe.) Repita a classificação privada e o processo de classificação público nos cenários restantes com os outros fatores de seleção. Peneire os cenários para ficar, no máximo, com os favoráveis.

7. Dependendo do resultado, faça o seguinte:

   - *Grupo que concorda com o segmento inicial.* Siga em frente.

   - *Grupo que não consegue decidir sobre os finais.* Atribua uma pessoa para criar o modelo "boliche" de desenvolvimento do mercado, incorporando quantos segmentos finais forem razoáveis e solicitando o principal. Ataque.

   - *Nenhum cenário sobreviveu.* Acontece. Nesse caso, não tente atravessar o abismo, também não tente se desenvolver. Continue a pegar os projetos do mercado inicial, mantenha a taxa de desperdício a menor possível e continue a buscar um mercado inicial viável.

5

Reúna a Força de Invasão

"Sempre achei que se consegue muito mais neste mundo com uma palavra gentil e uma arma do que com apenas uma palavra gentil."

— Willie Sutton

Willie está apenas reafirmando o que qualquer líder militar confirmará: se você se compromete com a agressão, é melhor ter a força para dar apoio. Ou, para dizer em termos mais próximos de nosso tópico em mãos, marketing é *a arte da guerra, não das palavras*.

Qual de nós, ao iniciar uma invasão, preferiria bons slogans a um bom conjunto de armas ofensivas e de defesa? Quem preferiria comprar o tempo de publicidade na televisão a usar mísseis e munições? Quem publicaria um manifesto, em vez de assegurar alianças com países vizinhos? A maioria dos executivos de alta tecnologia — são eles que agem assim.

Há uma percepção comum entre esses executivos de que o marketing consiste basicamente em um raciocínio estratégico de longo prazo (quando há tempo para isso), então muito suporte tático de vendas, sem nada no meio. Na verdade, a contribuição mais poderosa do marketing acontece bem no meio. Isso é chamado de *marketing do produto completo*, um termo apresentado antes, e é fundamental para reunir a força de invasão.

Considere o seguinte cenário. Quando eu era vendedor, tinha um sonho simples. Uma grande licitação estava para acontecer (com um mínimo de US$5 milhões) e eu tinha *enviado* o pedido de oferta. Eu tinha, nas palavras dos apostadores, *favas contadas*. O cliente e eu nos encontramos em uma longa consultoria durante a qual ele acreditou em cada argumento de venda em favor do meu produto. Então ele elaborou o pedido de oferta para que apenas meu produto pudesse conseguir uma avaliação de 100%. O negócio era meu. Então eu acordei.

Tudo bem, é só uma fantasia. Mas uma versão dessa fantasia pode ser realizada no mundo real. Podemos chamá-la de *conectar o mercado*. Novamente, o conceito é simples. Para certo cliente-alvo e certa aplicação, crie um mercado no qual seu produto seja a única proposta de compra razoável. Isso começa, como vimos no último capítulo, com mercados-alvo, visando mercados que têm um *motivo convincente para comprar* seu produto. A próxima etapa é assegurar que você tenha monopólio ao atender o motivo de compra.

Para assegurar esse monopólio, é preciso entender 1) em que consiste um *produto completo* e 2) como organizar o mercado para fornecer um produto completo incorporando a oferta da sua empresa.

Conceito do Produto Completo

Uma das construções de marketing mais úteis em todo o mercado de alta tecnologia é o conceito do produto completo, uma ideia descrita em detalhes há mais de duas décadas no livro *A Imaginação de Marketing,* de Theodore Levitt, e que teve um papel importante no livro original *Marketing de Alta Tecnologia,* de Bill Davidow. O conceito é muito simples: há uma lacuna entre a promessa de marketing feita ao cliente (a proposta de valor convincente) e a capacidade do produto enviado cumprir a promessa. Para essa lacuna ser superada, o produto deve aumentar com vários serviços e produtos adicionais para se tornar o produto completo.

O modelo formal, como diagramado por Levitt, identifica quatro níveis diferentes de totalidade do produto completo:

1. *Produto genérico:* O que é enviado na caixa e é coberto pelo contrato de compra.

2. *Produto esperado:* É o que o consumidor pensou ter comprado quando adquiriu o produto genérico. É a configuração *mínima* de produtos e serviços necessária para ter qualquer chance de atingir o objetivo de compra. Por exemplo, quando você compra um tablet, precisa ter uma rede Wi-Fi em casa ou uma conexão de celular para funcionar, mas é possível que tenham sido comprados separadamente.

3. *Produto aumentado*: É o produto completo para fornecer a possibilidade máxima de atingir o objetivo de compra. No caso do tablet, isso incluiria e-mail, navegador, calendário, diretório pessoal, mecanismo de pesquisa e uma loja de aplicativos, por exemplo.

4. *Produto em potencial:* Representa o espaço de crescimento do produto conforme cada vez mais produtos adicionais entram no mercado e são feitas melhorias específicas do cliente no sistema. Para o iPad da Apple havia, na época da escrita deste livro, cerca de 374.090 apps na App Store que podiam ser comprados para aumentar seu alcance e valor.

MODELO DO PRODUTO COMPLETO

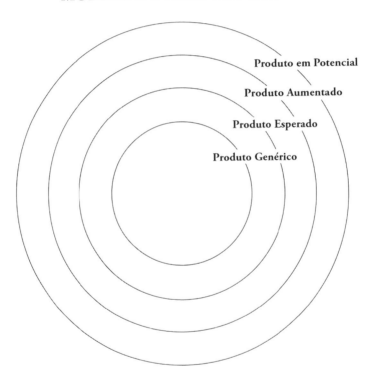

Para citar outro exemplo, o *produto genérico* na categoria navegador da internet seria o conjunto de funções popularizado primeiro pela Mosaic, então pelo Netscape Navigator, depois pelo Internet Explorer e mais recentemente pelo Firefox e pelo Chrome. O *produto esperado* incluiria a portabilidade para cada uma das plataformas cliente populares, inclusive IOS, Android e Windows. O *produto aumentado* teria plug-ins de terceiros para fornecer mais recursos. E o *produto em potencial* seria a redefinição do cliente, podendo excluir a exibição do sistema operacional, um mundo em que não há aplicativos específicos do dispositivo, apenas applets HTML5 rodando em toda parte. Quanto aos serviços, para o produto genérico, deve haver no mínimo um provedor de serviço da internet; para o produto esperado, uma home page com um mecanismo de pesquisa padrão; para o produto aumentado, várias experiências predeterminadas apresentadas como botões ou algo assim; e para o produto em potencial, talvez uma reconstrução completa da compra do consumidor.

Agora, na introdução de qualquer inovação disruptiva, a batalha do marketing ocorre inicialmente no nível do produto genérico, o que está no centro do produto em si. É o herói na batalha pelo *mercado inicial*. Mas, conforme os mercados se desenvolvem, conforme entramos no *mercado tradicional*, os produtos no centro ficam cada vez mais parecidos e a batalha muda muito nos círculos externos. Para entender como dominar um mercado tradicional, precisamos ver de perto a significância do que Paul Harvey chamou de *o resto do produto completo*.

Produto Completo e o Ciclo de Vida de Adoção da Tecnologia

Primeiro, vejamos como o conceito do produto completo se relaciona com a travessia do abismo. Analisando o Ciclo de Vida de Adoção da Tecnologia por completo, podemos generalizar que os círculos externos do produto completo aumentam em importância conforme vão da esquerda para a direita, ou seja, os clientes com menos necessidade de suporte do produto completo são os apaixonados por tecnologia. Eles são perfeitamente capazes de remendar as partes dos sistemas e descobrir seu próprio caminho até o produto completo que os agrada. Na verdade, em grande parte esse é o prazer que eles têm com os produtos tecnológicos, isto é, tentar entender meios de integrar uma nova capacidade interessante em algo que realmente poderiam usar. O lema deles: os verdadeiros tecnólogos não precisam de produtos completos.

Por outro lado, os visionários não veem nenhum prazer em montar sozinhos um produto completo, mas aceitam que, se forem os primeiros no setor a implementar o novo sistema (e tiverem uma vantagem estratégica sobre os concorrentes), então terão que assumir a responsabilidade de criar o produto completo por seus próprios meios. O aumento de interesse na integração de sistemas é uma resposta direta para aumentar o interesse do visionário nos sistemas de informação como uma fonte de vantagem estratégica. As integrações de sistemas poderiam ser chamadas de provedores de produtos completos, que é seu compromisso com o cliente.

Portanto, grande parte do mercado fica à esquerda do abismo, que é o mercado inicial. Para chegar à direita, ou seja, atravessar até o mercado tradicional, primeiro você tem que atender as demandas dos clientes pragmáticos. Esses clientes querem o produto completo prontamente disponível desde o início. Eles gostam de um produto como o Microsoft Office porque realmente todo desktop e notebook o suporta, os arquivos podem ser trocados sem problemas, há livros em cada livraria sobre como usá-lo, sem mencionar os seminários para treinamento, suporte com linha direta e uma estrutura inteira de funcionários temporários já treinados em seus produtos essenciais: Word, Excel e PowerPoint. Por outro lado, se é oferecido aos pragmáticos "muitos" produtos alternativos, por exemplo, o Google Apps, eles relutam em trocar porque temem que parte do produto completo será perdida e eles ficarão com a batata quente.

A mesma lógica acontece para o motivo de os pragmáticos preferirem os microprocessadores do smartphone da ARM ao Atom da Intel, o Google Search ao Bing da Microsoft, o iPhone da Apple ao BlackBerry da RIM, as impressoras HP às da Epson, os roteadores da Cisco aos da Huawei. Em todo caso, há o risco de eles escolherem um produto inferior, levando em conta apenas o produto genérico. Mas em qualquer situação eles preferem o produto superior, do ponto de vista do produto *completo*.

Resultado: *os pragmáticos avaliam e compram produtos completos*. O produto genérico, que é enviado, é uma parte principal do produto completo, não se engane. Mas, assim que aparece mais de um ou dois produtos comparáveis no mercado, investir em mais P&D no nível genérico tem um retorno decrescente, ao passo que há um retorno crescente com investimentos em marketing nos níveis do produto esperado, aumentado ou em potencial. Como determinar onde visar esses investimentos é o papel do planejamento do produto completo.

Planejamento do Produto Completo

Como já vimos, o modelo do produto completo fornece um elemento-chave no fenômeno do abismo. A diferença mais importante entre os mercados iniciais e tradicionais é que o primeiro quer assumir a responsabilidade de montar o produto completo (em troca de dar um salto na concorrência), ao passo que o último, não. Não reconhecer esse princípio tem sido a ruína de muitas empresas de alta tecnologia. Com muita frequência, as empresas jogam seus produtos no mercado como se fossem fardos de feno na carroceria de um caminhão. Não há planejamento para o produto completo, apenas a esperança de que ele será tão incrível que clientes surgirão em legiões demandando que terceiros se mobilizem em torno dele. Bem, Deus dividiu o Mar Vermelho para Moisés.

Mas, para aqueles que desejam ser mais prudentes, o planejamento do produto completo é o ponto central para desenvolver uma estratégia de domínio do mercado. Os pragmáticos resistirão ao compromisso do apoio até que vejam surgir um forte candidato para a liderança. Então, apoiarão esse candidato com firmeza, em um esforço de pressionar outras alternativas, viabilizando a padronização necessária para assegurar um bom desenvolvimento do produto completo em seu mercado.

Um bom produto genérico é um ótimo ativo nessa batalha, mas não é necessária nem uma causa suficiente de vitória. A Oracle não tinha o melhor produto quando o padronizou no mercado. O que ela oferecia era o melhor para um produto completo viável, ou seja, a padronização do SQL mais uma ampla portabilidade nas plataformas de hardware, além de uma equipe de vendas agressiva para rapidamente conduzir o produto até o mercado. Foi isso que os pragmáticos no departamento de TI aprovaram.

Resumindo, vencer a batalha do produto completo significa vencer a guerra. E, como a percepção contribui com essa realidade, parecer que você está vencendo essa batalha é a principal arma para vencer a guerra. Por outro lado, *fingir* que está vencendo é uma tática perdedora; as pessoas confirmam entre si no mercado de alta tecnologia. Essas distinções terão uma importância crítica em nosso próximo capítulo, quando lidaremos com o *posicionamento*.

No momento, nosso foco deve estar no comprometimento mínimo com o produto completo necessário para atravessar o abismo. Isso é definido pelo produto completo que garante que os clientes-alvo terão um motivo convincente para comprar. Para descobrir o quanto o produto está completo, você só precisa de uma versão simplificada do modelo completo:

Modelo Simplificado do Produto Completo

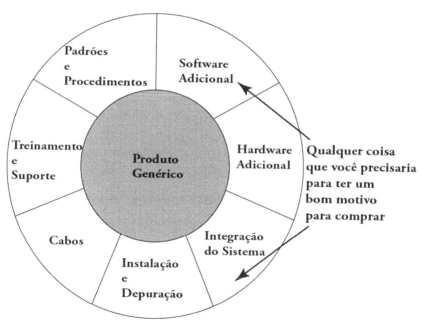

Instalação e Depuração

No modelo simplificado, existem apenas duas categorias: 1) o que enviamos e 2) qualquer coisa que os clientes precisam para ter um motivo convincente para comprar. Essa é a *promessa do marketing* feita para conquistar a venda. O *contrato* não exige que a empresa cumpra essa promessa, mas a *relação com o cliente,* sim. Não atender essa promessa em um mercado B2B tem consequências muito graves. Como muitas compras nesse mercado são feitas por referências, tal falha pode criar um boca a boca negativo, fazendo a produtividade das vendas cair radicalmente.

Tradicionalmente, a alta tecnologia entrega de 80% a 90% de um produto completo a muitos possíveis clientes-alvo, mas 100% a poucos, se tanto. Infelizmente, qualquer coisa abaixo de 100% significa que os clientes conseguem o resto sozinhos ou se sentem enganados. Muito menos que 100% significa que o mercado-alvo simplesmente não se desenvolveu como o previsto; mesmo que o produto genérico (o produto enviado na caixa) seja superior a qualquer outra coisa em sua categoria.

Enfim, se você quisesse rastrear a decepção com a incapacidade da alta tecnologia de cumprir sua promessa para investidores e clientes, a falta de atenção com o marketing do produto completo é o que chega mais perto da fonte. É realmente uma ótima notícia, pois significa que o oposto se aplica também. Resolvendo a equação do produto completo para qualquer grupo de clientes-alvo, a alta tecnologia supera seu maior obstáculo no desenvolvimento do mercado.

Vejamos um exemplo para saber como funciona.

Impressora 3D, Revista

Vamos rever nosso "pós-cenário" da impressora 3D, em que estamos fabricando luminárias sob demanda. Veja de novo:

Nova abordagem:

David e a cliente examinaram catálogos e imagens na web boa parte da semana e finalmente decidiram por um design. É uma variação de alguns produtos reais que foram desenhados por David a partir de informações da cliente. Eles levam esse design a um atacadista de acessórios que faz impressão em 3D. Essa pessoa trabalha com um designer freelance que consegue escanear o desenho de David e convertê-lo em um arquivo CAD. Ao mesmo tempo, o atacadista trabalha com David para escolher o material e o acabamento adequados para o acessório fabricado. Então, arquivo CAD e material são inseridos na impressora e ela produz um acessório final. Se a cliente ainda quiser ajustar um pouco mais, isso pode ser feito de imediato, atualizando o arquivo e a impressora de novo. E mais, ajustando os parâmetros no arquivo, os acessórios podem ser produzidos em diferentes escalas, tudo compartilhando o mesmo design.

Agora vamos analisar esse cenário em função dos compromissos implícitos com o produto completo. São vários:

- *O atacadista trabalha com um designer freelance que consegue escanear o desenho de David e convertê-lo em um arquivo CAD.* Deduz-se que existe um formato de arquivo padrão para tais designs, talvez um do AutoCAD, generalizado o suficiente para que seja aceito.

- *O atacadista trabalha com David para escolher o material e o acabamento adequados para o acessório fabricado.* Aqui supomos que já existe um material de fabricação que possa atender os padrões existentes de David e sua cliente. Quando escrevi o livro, era um dos elementos mais frágeis.

- *Se a cliente ainda quiser ajustar um pouco mais, isso pode ser feito de imediato, atualizando o arquivo e a impressora de novo.* Isso pressupõe que os materiais podem ser reciclados ou são baratos o bastante para serem descartados. Também presume que a impressão pode ser feita rapidamente e não existe um acúmulo constante de pedidos de impressão para atrapalhar.

- *Ajustando os parâmetros no arquivo, os acessórios podem ser produzidos em diferentes escalas, tudo compartilhando o mesmo design.* Isso pressupõe que a impressora tem poucos limites quanto ao tamanho dos objetos produzidos. De novo, quando escrevi isso, também era um ponto fraco no cenário.

E por aí vai. O importante é que até um único cenário do cliente-alvo implica uma cadeia de comprometimentos que qualquer gerente de produtos preocupado em entregar um produto completo para uma oportunidade de mercado emergente deve buscar para ter um desfecho satisfatório.

Agora, no caso de uma impressora 3D, é possível imaginar de imediato uma lista bem longa de clientes-alvo em potencial e aplicações principais. Além dos designers de interiores como David, podemos pensar em:

- *Designers industriais* criando protótipos de uma peça de maquinário. É provável que eles precisem de diversos materiais duráveis para criar e testar a peça em condições reais.

- *Fabricantes de brinquedos* criando brinquedos personalizados. Provavelmente eles gostariam de cores primárias fortes na mistura, sem mencionar a garantia de não ser tóxico.

- *Curadores de museus* criando modelos de artefatos em decomposição. Isso precisará de um scanner holográfico para criar o arquivo 3D que a máquina replicaria.

- *Fabricantes de calçados* fazendo sapatos sob demanda. Seria necessário um material que fosse moderno e confortável, sem mencionar a longa duração.

- *Apaixonados por carros antigos* criando peças de substituição que não estão mais disponíveis no comércio. Agora temos que ter arquivos CAD precisos e projetar o trabalho no metal que possa resistir ao estresse de um motor funcionando.

Como até essa listagem superficial indica, *todo novo cliente-alvo adicional terá novas demandas para o produto completo*, ou seja, a soma total de produtos e serviços necessários para conseguir o benefício desejado muda sempre que você modifica a proposta de valor. Logo fica claro até para os gerentes de marketing de produto mais otimistas que eles não conseguem buscar todos os mercados de uma só vez, que no mínimo têm que ordenar e priorizar as oportunidades e cada oportunidade tem custos de suporte bem reais.

Dada a necessidade de um produto completo para fazer o cliente comprar, qual é a responsabilidade do revendedor de impressoras 3D, e especificamente do gerente de produtos que tem a impressora sob sua responsabilidade, em ver se esse produto completo é, de fato, entregue? A resposta é que não tem nenhuma relação com responsabilidade, mas com o sucesso do marketing. Se você deixa ao acaso o sucesso do cliente, está entregando o controle sobre seu destino. Em contrapartida, pensando nos problemas e nas soluções, na íntegra, pode definir e trabalhar para assegurar que o cliente terá o produto completo.

Nunca a proposta de marketing foi mais válida ao atravessar o abismo. Antes do abismo, há certa esperança de que os visionários preencherão o produto completo com seus próprios esforços de integração de sistemas. Assim que o produto é aceito no mercado tradicional, espera-se que terceiros vejam uma oportunidade por si só e ganhem dinheiro concretizando o produto. *Mas, durante a travessia do abismo, não há esperanças de um suporte externo que não seja especificamente contratado por você para esse fim.*

Alguns Exemplos Reais

Para saber como funciona na prática, agora veremos alguns exemplos específicos do setor. Basicamente, existem dois tipos de cenários com os quais queremos trabalhar: um em que há uma concorrência instalada e outro, sem. No primeiro caso, é como se alguém estivesse tentando invadir a Normandia a partir da Inglaterra e o líder do mercado existente desempenhasse o papel das forças nazistas. No último, é como se alguém tivesse atravessado o Pacífico em 1492, aportado em um novo continente e decidido estabelecer uma loja para vender mercadorias para os nativos. Nenhuma tarefa é para os fracos.

Aruba e Redes sem Fio para Empresas

Para iniciar com um exemplo competitivo, imagine-se em 2006, comandando uma companhia de rede sem fio focada em colocar Wi-Fi na empresa. O nome dela é Aruba, e pode ser que você tenha ouvido falar dela. Mas conhece o concorrente que eles visavam: *Cisco*!

Nesse ponto, a Aruba crescia muito rápido, embora com uma base muito pequena, de US$12 milhões em 2005 para US$75 milhões em 2006; com certeza muito surpreendente, mas suficiente para enfrentar um concorrente quatrocentas vezes o seu tamanho? Bem-vindo ao mundo das startups do Vale do Silício. É isso que você faz. A única pergunta é: como?

A primeira regra é aproveitar um ponto de disrupção, um que faça o titular recuar um pouco. Nesse caso, as redes sem fio levadas ao extremo ameaçavam desmantelar as redes convencionais, que eram e ainda são a alma da franquia da Cisco. E mais, um novo padrão tinha acabado de ser lançado para o Wi-Fi (802.11n, para ser preciso), que pela primeira vez prometia um desempenho de linhas convencionais entregues sem fio. Portanto, havia uma proposta de valor com potencial dez vezes maior em jogo; possivelmente a definição mais pragmática de uma inovação disruptiva.

A segunda regra é se lembrar do princípio da proporção do "peixe no lago" do capítulo anterior e visar o segmento de mercado que seja grande o bastante para ter relevância, pequeno o bastante para liderar, com o tamanho certo para suas necessidades. Aqui, pequeno o bastante para liderar significa, em parte, pequeno demais para que o titular muito maior perca tempo focando-o. O peixe grande tem problemas para competir em nichos pequenos.

Para a Aruba, aplicar essa regra os levou ao mercado de faculdades e universidades nos EUA. Na época, cada vez mais alunos iam para a faculdade com notebooks. É possível que tenha sido o primeiro segmento de mercado BYOD ("traga seu próprio dispositivo", em tradução livre) e, como tal, precisava de serviços de rede disponíveis em todo lugar, não apenas por um cabo nos dormitórios. E mais, esses alunos não faziam mais apenas pesquisas e enviavam e-mails, também transmitiam vídeo e música, criando e aumentando a pressão para adotar padrões sem fio de última geração desde o início. Por fim, faculdades e universidades apoiaram os esforços da tecnologia de última geração das startups corajosas, colaborando mais do que muitos outros mercados-alvo poderiam. No geral, visar esse mercado foi uma ótima ideia.

Agora chegamos na terceira regra, a de que trata este capítulo: cercar o produto disruptivo essencial, o que coloca você no jogo, com um produto completo que resolve o problema do cliente-alvo de ponta a ponta. Isso o manterá em movimento por muito tempo no futuro.

O modo como planeja um produto completo deve ser de trás para frente a partir do caso de uso do cliente-alvo, preenchendo as lacunas durante o processo, com nova P&D, aquisição, parceria ou aliança. No caso do departamento de TI da faculdade usando serviços de rede nos campi, o produto principal consistia no seguinte:

- Muitos pontos de acesso, chegando a milhares, para cobrir cada ponto, desde o dormitório até a biblioteca, sala de aula, centro acadêmico, instalações esportivas, por fim, até pubs fora do campus (onde muitos professores trabalham).

- Um ou mais controladores de mobilidade para gerenciar todo o tráfego a partir de um ponto de controle central. Esse nível de controle foi necessário nas implantações anteriores onde as redes Wi-Fi eram extensões menores da rede convencional, cobrindo serviços ao cliente em algumas salas de conferência. Mas, assim que a rede sem fio se tornou a portadora primária do tráfego, tornaram-se obrigatórios. Por exemplo, no final de qualquer prova, a turma inteira fazia upload de suas respostas, todos ao mesmo tempo, podendo criar um pico de demanda; você não quer que isso derrube sua rede nem quer perder o tráfego de teste.

- Um sistema de gerenciamento de rede para dar suporte aos administradores da rede, permitindo que eles aumentem ou diminuam o serviço de discagem, autentiquem os usuários, autorizem o acesso, assim como resolvam problemas de interrupção da rede e outros.

Isso cobre o produto principal. Então o que entraria na criação do produto completo? Considere o seguinte:

- Os campi também tinham redes convencionais, mesmo que não as estivessem construindo com a agressividade planejada originalmente. Como resultado, o sistema de gerenciamento de rede tinha que trabalhar com o equipamento novo e o antigo. Isso levou a Aruba a fazer parcerias e finalmente adquirir a AirWave, um sistema de gerenciamento que se desenvolveu gerenciando roteadores e switches Cisco.

- Além disso, a maioria dos campi já tinha um diretório de alunos e da faculdade, normalmente o Active Directory da Microsoft, por isso uma parceria aqui também se tornou uma prioridade.

- Depois vieram os alunos em si, que eram, digamos, bem criativos. Como um administrador de rede disse para a Aruba: "Nosso sistema de segurança foca menos proteger nossos alunos do mundo do que proteger o mundo deles!" A era do Napster chegou e foi embora nesse ponto, mas a do compartilhamento de arquivos BitTorrent, com ou sem autorização, estava a todo vapor. Os administradores de rede precisaram modelar o tráfego, no mínimo, se não desativar no caso de violações comprovadas. Isso levou a Aruba a fazer parceria e finalmente comprar diretamente da Bradford, um centro de controle de operações de rede do tipo mais visto nas empresas de telecomunicações.

- Na busca contínua para competir por novos alunos, faculdades e universidades começaram a transmitir o conteúdo diretamente para dispositivos digitais, sobretudo vídeo, para educação e entretenimento. Isso precisou de codecs de vídeo; para tanto, a Aruba começou a trabalhar com uma empresa chamada Video Furnace.

- Conforme o mercado continuou a se desenvolver, a Aruba criou um comitê com seus principais clientes na universidade e um membro teve uma ideia original; em vez de usar a rede sem fio para estender a convencional, que tal fazer o oposto? Especificamente, ele pediu uma porta de acesso remoto que pudesse ser ligada em uma VPN (rede privada virtual) convencional para que pessoas em casa ou locais remotos pudessem fazer parte do mesmo sistema de gerenciamento de redes também (sem novos logins, senhas etc.). A Aruba precisou inventar e, posteriormente, isso se tornou o principal diferencial em sua linha de produtos.

Como podemos ver, nada no produto completo é um obstáculo do ponto de vida de um concorrente que busca neutralizar o diferencial da Aruba, mas, no geral, para um grande concorrente que tem um peixe muito maior para fritar, requer mais foco conseguir esse resultado que não lhe convém. E do ponto de vista do cliente, o fato de empresas como a Aruba quererem ir além só para eles cria um nível de fidelidade que é duradouro. Essa é a principal dinâmica que permite às startups atravessarem o abismo apesar da oposição direta dos titulares existentes.

Lithium e Suporte Técnico para Clientes

Agora veremos outro cenário para atravessar o abismo, em que (boa notícia) não há inimigo fortalecendo a costa contra uma invasão porque (má notícia) as pessoas ainda precisam descobrir que existe algo para defender. Aqui o revendedor deve criar um mercado do nada. Nessas condições, os compradores pragmáticos, que são essenciais para o mercado tradicional, não rejeitam muito o novo produto, apenas observam os sinais de sua adoção. Eles não dizem não, mas também não dizem sim. Vejamos os ciclos de vendas estendidas!

Nessa situação, os empreendedores correm contra o tempo. Como exploradores intrépidos e colonizadores dos séculos XVI e XVII, eles desembarcaram em uma terra desconhecida e têm uma quantidade fixa de suprimentos (capital de giro) para vê-los como autossuficientes. A pergunta não é se um dia alguém colonizará com sucesso, mas se serão eles ou se morrerão tentando. Eles desembarcaram em Jamestown (primeiro assentamento bem-sucedido nos EUA) ou na histórica Plymouth Rock (fundada por um grupo de separatistas puritanos)?

Vejamos um exemplo específico. Lithium é uma empresa SaaS (software como serviço) que cria comunidades de consumidores e clientes online, permitindo um marketing com veiculação digital, vendas e suporte ao cliente. Quando foram fundados, logo após a falência do ponto.com no início do século, era uma ideia original e o motivo da fama da Lithium era que seus fundadores eram desenvolvedores de jogos online que tinham aprendido muito sobre como motivar o comportamento do consumidor com recompensas virtuais. A ideia chamou a atenção dos visionários, mas, como se pode esperar, os pragmáticos adotaram uma atitude de esperar para ver. Para atravessar o abismo, a Lithium teve que visar um território pragmático descontente com o status quo. Eles encontraram esse território no suporte técnico.

Via de regra, as organizações de suporte técnico são sobrecarregadas e subestimadas. O problema é que a maioria dos produtos técnicos opera junto com tantos outros que é um grande desafio descobrir o que ou quem falhou quando algo dá errado. As pessoas que talvez saibam as respostas são bem pagas para recrutar uma linha direta de suporte ao cliente e as pessoas na linha (que muitas vezes estão em um call center em algum lugar do outro lado do Pacífico) têm que trabalhar com roteiros como melhor podem. Qualquer pessoa que já esteve em um desses atendimentos pode comprovar como pode ser frustrante a experiência do cliente.

E se pudéssemos acabar com tudo isso? E se a pessoa ficasse online e conseguisse uma consultoria especializada das melhores mentes no setor, melhor ainda, tudo de graça? Não seria legal? A Dell acha que sim. A HP, Lenovo, Autodesk e Microsoft pensam do mesmo modo. Bem-vindo ao mundo do suporte técnico para clientes.

A principal ideia aqui é criar uma comunidade online em que os clientes possam responder perguntas de outros clientes antes que eles acessem a linha direta de suporte. Por que especialistas perderiam tempo fazendo isso? Os apaixonados por tecnologia (lembra deles bem no início do modelo do Ciclo de Vida de Adoção da Tecnologia?) gostam de ajudar outras pessoas. É uma paixão. Se você adicionar algumas recompensas de jogos e reconhecimento social (o que as pessoas agora chamam de *gamificação*, embora essa palavra ainda fira os ouvidos de um ex-professor de idiomas), funcionará muito melhor.

O produto principal aqui é um site de marca que permite que os clientes façam e respondam perguntas, que eles classifiquem a qualidade das respostas, que, com o tempo, os melhores ganhem destaque, conquistando para seus provedores as recompensas de maior status. Esse é o produto principal e é altamente disruptivo sempre que o status quo consiste em bases de conhecimento desatualizadas sendo consultadas por funcionários inexperientes em call centers, apoiados por engenheiros estressados que não têm tempo nem paciência para responder às mesmas perguntas sempre.

Mas a verdade é que criar um site wiki para realizar essas funções não é tão difícil. Assim, o que a Lithium poderia fazer para desenvolver um produto completo que conquistaria os pragmáticos céticos? Para ser sincero, eles tinham algo para avançar bem no início. A redução dos custos da transferência de uma ligação de um call center para um site é grande, de até dez vezes. E, como os call centers são caros nas empresas mais tecnológicas, reduzir os custos é sempre a principal preocupação. Mas a Lithium foi além, o que a permitiu atravessar o abismo e conquistar a posição de liderança do mercado nesse nicho. (Total transparência: para o caso de eu parecer um pouco entusiasmado aqui, devo dizer que entrei para a diretoria da empresa em 2012.)

- Os clientes ajudavam a criar suas *bases de conhecimento por tribos.* A Lithium fornecia um suporte de consultoria para ajudar os clientes a cuidarem do conteúdo sempre crescente com a colaboração do usuário, transformando as conversas da comunidade em artigos técnicos, fazendo com que encontrar e consumir o conteúdo fosse mais fácil. Essa abordagem de terceirização aumenta a satisfação do cliente, reduz o tempo médio de ter a resposta certa, aumenta a transferência de chamadas e a fidelidade do cliente, sobretudo entre os comprometidos que contribuem muito com o conteúdo mais valioso.

- Suporte estendido para os *dispositivos móveis.* Grande parte do conteúdo da web é um desafio de consumo no dispositivo móvel, mas cada vez mais é isso que o consumidor ou o cliente tem em mãos quando precisa de uma resposta. Não só torna a vida mais conveniente para o usuário final, como aumenta drasticamente a transferência de chamadas porque o consumidor pode trocar entre elas enquanto usa o mesmo dispositivo.

- Serviço integrado no sistema CRM (Gestão de Relacionamento com o Cliente) da empresa. Isso conecta os clientes que usam a Lithium com os funcionários da empresa, permitindo que estes endereçam as perguntas não respondidas, capturem feedback e comentários para repassar para os desenvolvedores e melhorem mais a base de conhecimento que orienta o sistema inteiro.

- Suporte estendido à web social (Facebook, Twitter, Google+ etc.). É um movimento de "canal geral" totalmente tecnológico para engajar os consumidores no dispositivo e no ambiente mais adequado a eles. Permite que a base de conhecimento e a população da comunidade se estendam continuamente adicionando links para outros sites e pessoas.

Estendendo seu produto principal para criar um produto completo, a Lithium atendeu as necessidades dos clientes-alvo imediatos (empresas tecnológicas de consumidores) e os clientes de seus clientes, os consumidores em si que precisam de ajuda e os apaixonados por tecnologia que esperam compartilhar sua experiência.

Parceiros e Aliados

"Alianças estratégicas" com parceiros e aliados sempre foram itens badalados no marketing de alta tecnologia. Espera-se ver anúncios no Facebook do tipo:

> Empresa grande e próspera com canais de distribuições criados e linha de produtos anti-idade busca líder de tecnologia pequeno, empreendedor e descapitalizado com um produto novo incrível. Fotos disponíveis mediante solicitação…

Mas, como regra, essas alianças ficam melhores em apresentações do PowerPoint do que nas ruas. Para início de conversa, as culturas da empresa em geral são antiéticas demais para cooperarem entre si. Os ciclos de decisão estão muito fora de sincronia, levando a uma enorme frustração entre os empreendedores e apadrinhando as respostas da gerência existente. Para piorar as coisas, é possível que cada lado tenha compreendido mal uma coisa ou outra durante as negociações da parceria, de modo que há muita munição para cada grupo disparar um no outro assim que os ânimos se exaltam. É muito provável que esse seja o caso quando os empreendedores pedem uma aquisição como uma estratégia de saída. Assim, em grande parte, apesar da lógica impecável dessas fusões, é dificílimo fazê-las acontecer.

É claro, algumas alianças estratégicas foram extremamente bem-sucedidas. Considere a relação que se desenvolveu entre a SAP, a Hewlett-Packard e a Andersen Consulting para tirar a IBM como o principal revendedor corporativo colocando no mercado sistemas ERP (planejamento de recursos da empresa) para cliente/servidor. Ou considere a aliança entre a Intel e a Microsoft, que alguns chamaram de duopólio Wintel, que até hoje articula o setor de PCs. E, mais recentemente, Cisco, EMC e VMware se associaram para criar um Ambiente de Computação Unificado para a computação em nuvem, com grande sucesso.

Todas essas alianças tiveram um enorme poder e moveram montanhas de capitação de mercado. Mas observe que elas estão entre profissionais relativamente compatíveis. E mesmo com essa condição especial, as complexidades de desenvolver e manter tais alianças estratégicas no setor, onde as vendas realmente acontecem, são suficientes para fazer com que até as organizações mais experientes lutem. Com certeza não são a área de atuação de meros gerentes de produtos buscando assegurar que seus clientes-alvo do nicho de segmento consigam motivos convincentes para comprar.

Por outro lado, o que realmente funciona para os gerentes de produtos são as alianças táticas do "produto completo", que têm uma, e apenas uma, finalidade: *acelerar a formação da infraestrutura do produto completo em um segmento específico do mercado-alvo para apoiar um motivo convincente e específico do segmento para comprar.* O compromisso básico é entregar junto um produto completo e comercializá-lo em cooperação. Isso beneficia o gerente do produto completo assegurando a satisfação do cliente, assim como os parceiros desse produto expandindo seu mercado sem que eles precisem fazer nenhum marketing. Contanto que cada lado cumpra sua parte do acordo, haverá bons motivos para esperar sucesso.

As alianças do produto completo são iniciadas e gerenciadas de imediato no nível do gerente de marketing do produto. Em geral, a oportunidade inicial primeiro chama a atenção da empresa pelos vendedores ou pela equipe de atendimento ao cliente, a que esbarrou no aliado em potencial no local de determinado cliente. Mas elas também podem ser antecipadas refletindo sobre a solução do produto completo para atender o objetivo de compra do cliente. Mais uma vez, o importante é que essas alianças táticas cresçam a partir das necessidades do produto completo, não de alianças estratégicas que se desenvolvem… bem, não importa a causa de seu desenvolvimento (minha opinião é que a principal causa das alianças estratégicas são pessoas demais da equipe sem ter o que fazer).

Parceiros e Aliados: Exemplo da Rocket Fuel

Para ver como isso pode dar certo em alguns casos específicos, primeiro vamos considerar o exemplo da Rocket Fuel, um investimento da Mohr Davidow que conseguiu um crescimento meteórico no setor de publicidade digital. Como a maioria das coisas na nova economia digital, é preciso uma "comunidade" para criar, lançar, monitorar e monetizar uma campanha de publicidade digital. O papel da Rocket Fuel nesse ecossistema é aumentar o campo da publicidade digital colocando o anúncio certo diante da pessoa certa na hora certa, tudo feito por algoritmos de inteligência artificial cada vez mais eficientes com o aprendizado de máquina. Nem é preciso dizer que é uma capacidade altamente especializada.

As ofertas especializadas devem focar muito o que é *essencial* em sua diferenciação, o que significa que gastar qualquer coisa no contexto diminui sua capacidade de dimensionar seu valor e tamanho. Como resultado, as empresas que adotam esse caminho devem procurar aproveitar os sistemas existentes e os participantes onde eles estiverem. Isso requer um grande leque de parceiros e aliados "silenciosos", muito necessários para o produto completo, nesse caso economicamente alinhados com a proposta de valor da Rocket Fuel, mas incapazes ou que não querem se envolver ativamente em muitas atividades da parceria.

A principal tática aqui é criar interfaces muito claras para acessar outros sistemas e permitir que eles acessem você; sejam eles sistemas de computador como *ad exchanges digitais*, em que os publicitários podem colocar seus inventários e os anunciantes podem fazer uma oferta em tempo real, ou participantes do setor como *agências de publicidade* e *compradores de mídia*, com grandes orçamentos necessários para trabalhar com eficiência. No caso da Rocket Fuel, a meta é parecer com "qualquer outro" *parceiro de mídia*, que tenha um melhor custo-benefício.

Além das pessoas principais diretamente envolvidas, existem relações de parceria periféricas que podem facilitar as coisas e acelerar a adoção no mercado-alvo. No caso da Rocket Fuel, o IAB (Interactive Advertising Board) cumpriu seu papel ao padronizar contratos de modo que uma pequena empresa pudesse dar um grande passo sem precisar de um setor jurídico do tamanho de Chicago. E as capacidades de relatórios dos *servidores de anúncios*, como DART e Atlas, ajudaram a transparecer as métricas do desempenho sobre as quais a Rocket Fuel baseou sua proposta de valor inteira; chega de "Sei que gastei metade do meu orçamento com publicidade, mas não sei qual metade". Agora os clientes da Rocket Fuel sabiam, sem nenhum investimento necessário por parte da empresa.

O balanço geral de tudo isso é que o setor de publicidade inteiro, percebendo que a atenção do consumidor passou a ser online em grande parte, refez-se coletivamente em torno de empresas como Rocket Fuel, AudienceScience e Visible Measures (para citar três investimentos da MDV na área) porque todos no ecossistema têm um interesse velado ao engajar clientes nesse novo meio. A lição para todos é clara: se você quer ir rápido, vá sozinho; se quer ir longe, vá com outras pessoas. Na era da internet, é preciso seguir dos dois modos ao mesmo tempo e é nela que os parceiros do produto completo podem fazer toda a diferença.

Dito isso, a Rocket Fuel é um caso especial; nem todos os negócios de crescimento rápido no comércio digital dependem muito de big data e análise. Alguns dependem mesmo basicamente de pessoas! Veja a Infusionsoft, por exemplo.

Parceiros e Aliados: Exemplo da Infusionsoft

A Infusionsoft é outra empresa SaaS com investimento em MDV, que fornece serviços de vendas e marketing (que o setor tecnológico chama de, como vimos no caso da Aruba, CRM ou Gestão de Relacionamento com o Cliente) a pequenos negócios (em geral com menos de 25 funcionários, e vários com apenas um ou dois). Foi fundada para ajudar os donos de negócios realmente pequenos a fazerem a transição para o marketing online, uma capacidade que pode ser transformadora se usada corretamente, mas muito assustadora de adotar, sobretudo para os novos no setor digital, de marketing ou ambos.

Isso criou um dilema inicial para a Infusionsoft: como atrair os clientes-alvo tardios para uma tecnologia com a qual não estão envolvidos? Afinal, o marketing online funciona apenas se o cliente-alvo está online. A empresa resolveu o problema fazendo parceria com um grupo de *especialistas de marketing em pequenas empresas* que fizeram seminários de vendas ao vivo para donos de pequenos negócios defendendo a nova abordagem online. Esses gurus conseguiram atrair futuros interessados aos montes e qual o melhor modo de manter contato com eles do que ajudá-los a instalar o marketing online? O software reforçava os ensinamentos e vice-versa. Com certeza, ainda era uma associação de visionários, mas ajudou a Infusionsoft a alcançar seus primeiros marcos de crescimento.

Mas, para atravessar o abismo, a empresa precisava ir além do mercado inicial para ter uma inovação de marketing e acessar a maioria pragmática. Ela experimentou vários mercados iniciais possíveis e teve certo sucesso com palestrantes profissionais (uma versão mais geral do segmento de gurus do marketing), academias e dentistas (os dois últimos tinham um objetivo de "marketing de retenção" que se encaixava bem nos lembretes online).

Junto com essa investida, ela também tentou algo que falhou. Em vez de cobrar dos clientes o que era uma comissão inicial grande para eles começarem, ela abriu mão da taxa, aumentando muito os futuros clientes que queriam se registrar. Infelizmente, muitos desses mesmos clientes foram embora após um curto período de tempo. Por mais problemático que tenha sido, deu uma importante lição sobre o produto completo: a integração, por motivos técnicos e comerciais da reengenharia de processos, tinha que ser supervisionada com cuidado.

Adicionando uma versão de baixo custo do serviço de integração, a Infusionsoft conseguiu baixar essa rotatividade e alcançou suas metas na taxa de retenção. Mas isso gerou um segundo desafio: como aumentar a empresa para atender a demanda de expansão sem criar um ambiente de call center com pequena margem de lucro? Esse desafio ficou ainda mais sério quando ela deixou de ser apenas um serviço de marketing para ser uma CRM de ponta a ponta.

A boa notícia aqui é que a natureza detesta o vácuo. O fato de que os clientes da Infusionsoft queriam pagar bem para serem orientados em sua integração e treinados nas primeiras campanhas de marketing não se perdeu nos provedores de serviço no ecossistema. Muitos começaram a aceitar o desafio de fornecer o mesmo serviço.

Isso levou a empresa a realizar um workshop de Aceleração da Implementação, em que eles reuniram 25 clientes com um grupo de especialistas para uma "hackaton de marketing" de dois dias. O esforço incluía *professores de sucesso* da Infusionsoft para ajudar no investimento da estratégia e na tática de marketing, *redatores, roteiristas* e *cinegrafistas*, *designers de objetos de software* e *webmasters*, sem mencionar a própria equipe de suporte técnico da Infusionsoft. O que alguns clientes conseguiram realizar em dois dias superava o que muitos tinham feito em um ano inteiro. Facilitar o caminho para um produto final foi claramente um fator de sucesso crítico.

Isso levou a empresa a criar um programa de treinamento e certificação que, nos dois últimos anos, formou mais de duzentos *Consultores Certificados pela Infusionsoft*, e nenhum deles faz parte da folha de pagamento da empresa. E mais, como uma mão lava a outra, esses mesmos consultores são uma grande fonte de referência, orientando mais da metade dos novos registros de clientes da empresa no último ano fiscal.

A lição aqui é clara: enquanto as parcerias estratégicas muitas vezes se esforçam com unhas e dentes para manter o engajamento e a relevância, as parcerias do produto completo desenvolvidas em torno de produtos finais para mercados-alvo específicos com motivos convincentes para comprar não precisam fazer isso. Assim, vejamos como esses mesmos princípios podem ser aplicados em um cenário de parceria estratégica.

Parceiros e Aliados: Exemplo da Mozilla

Embora eu seja claramente a favor do caminho tático, há casos na alta tecnologia em que simplesmente precisamos adotar a abordagem vertical que articula o setor. Esse foi o desafio que a equipe na Mozilla enfrentou em 2011 quando se comprometeu a expandir a franquia do seu mundialmente famoso navegador Firefox do desktop para o dispositivo móvel.

O Firefox é um navegador da web de fonte aberta que surgiu sobretudo para resolver falhas no Internet Explorer 7.0 da Microsoft. Essa tecnologia coloca o computador do usuário final à mercê de spams de modos inaceitáveis e a equipe na Mozilla se esforçou para criar uma alternativa de "escolha das pessoas". Funcionou, com 100 milhões de downloads no primeiro ano, tornando-se o terceiro navegador mais popular no mundo, atrás do Internet Explorer e do Google Chrome. Também deu certo de outro modo, incitando a Microsoft e o Google a adotarem a opção "Não Rastrear" (DNT) em suas últimas versões, ajudando a cumprir a missão populista da Mozilla.

Missão cumprida? Bem, calma aí. E os 2 bilhões de pessoas que esperava-se que entrariam na internet nos próximos dois anos pela primeira vez, pessoas das economias em desenvolvimento que nunca tiveram acesso à web antes? Elas usariam dispositivos móveis com certeza; qual navegador será o padrão?

Para continuar sua missão de valores populistas, a Mozilla precisava organizar o setor para criar um navegador móvel que pudesse rodar em um smartphone, competindo diretamente com os dispositivos Apple e Android do Google, e organizar o ecossistema inteiro para dar suporte a essa plataforma de fonte aberta como um padrão de fato. O dispositivo móvel é um setor muito diverso, variando desde franquias de telefonia nacional conservadoras até disruptoras de tecnologia OTT surgindo em todos os cantos. Como uma pequena empresa sem fins lucrativos em Mountain View, Califórnia, esperava ter algo coerente em um cenário tão grande?

Veja o que eles fizeram:

1. Visaram os "próximos 2 bilhões" de usuários da web, entendendo que eles não conseguiam ter acesso a nada, exceto um software gratuito de fonte aberta, que queriam aceitar um produto otimizado por um preço/desempenho comparado com os últimos recursos e precisavam de uma plataforma de custo muito baixo; eles tinham a tecnologia para fornecer.

2. Recrutaram duas *operadoras móveis* importantes (Telefonica e Deutsche Telekom) para ancorar o esforço porque, como disse o CEO da época, Gary Kovacs: "Eles preenchem os cheques."

3. Aproveitaram o suporte para recrutar dois *fabricantes de dispositivos* importantes, ZTE e TCL (antes Alcatel) para fornecer dispositivos para o Firefox.

4. Fizeram conferências, reuniões e planejamento das várias partes por mais de um ano para alinhar o ecossistema nos níveis executivo e operacional.

5. Lutaram para manter um conjunto de padrões comuns para a plataforma, apesar da pressão para dar suporte a "coisas específicas", para que o resultado final realmente se expandisse em um nível global.

6. Fizeram um lançamento no 2013 Mobile World Congress, em que Kovacs foi acompanhado no palco por 23 outros CEOs e cada um assinou um compromisso de lançar um dispositivo para o Firefox pelo menos em um país.

Nada mal para uma organização cuja missão na vida é promover os direitos individuais em uma época de superpotências.

A principal conclusão aqui é que as etapas de desenvolvimento do mercado descritas neste livro estruturaram todo o esforço.

- Eles começaram com um cliente-alvo (cidadãos sem direitos nas economias em desenvolvimento que fariam sua primeira compra do serviço para a internet) com um motivo convincente para comprar (acessar todo o conteúdo na web de graça, além da comunicação com pessoas, família e negócios).

- Entenderam o produto completo e determinaram para esse produto que as operadoras e os fabricantes de dispositivos OEM eram parceiros âncoras importantes.

- Então buscaram parceiros que compartilhavam seus interesses nos próximos 2 bilhões, com interesses de franquia nas economias em desenvolvimento e usaram essas solicitações focadas para criar oportunidades de venda grandes o bastante para chamar a atenção de duas OEMs de primeiro mundo.

- Quando chegou a hora de "criar a concorrência" (algo que veremos no próximo capítulo), o ecossistema inteiro sabia que era a Apple e o Google, dois ecossistemas muito poderosos que, ao mostrarem quem manda, estavam deixando cada vez mais nervosas as operadoras e as OEMs, de modo que elas já estavam prontas para dar suporte à entrada de uma força de equilíbrio.

Por fim, em nenhum momento eles tentaram fazer história ou criar uma proposta de valor por si só. Sempre foi um esforço a serviço do mundo e do setor, assim as pessoas poderiam comprar segundo seu próprio interesse, não apenas para fazer um "bom negócio". Esse é o verdadeiro segredo do sucesso no gerenciamento do produto completo.

O resultado das atividades de parceria que analisamos nos casos da Rocket Fuel, da Infusionsoft e da Mozilla é a *criação de um mercado*. Os mercados representam mais do que apenas um comprador/vendedor. Eles são um ambiente de interesses inter-relacionados agindo em grupo para criar o que as escolas de economia chamam de cadeias de valor. Para qualquer empresa que atravessa o abismo, encorajar parcerias iniciais para criar o produto completo equivale a disseminar a cadeia de valor, fazendo com que ela inicie. Assim que o valor começa a ser gerado, um sistema de mercado livre se autossustenta e o trabalho do gerente do produto completo é simplesmente relaxar e sair do caminho.

Para resumir, a definição de produto completo seguida de um bom programa de alianças táticas para agilizar o desenvolvimento da infraestrutura do produto é essencial ao montar uma força de invasão para atravessar o abismo. A força em si é entregar, de fato, o motivo convincente do cliente para comprar na íntegra. Essa força ainda é rara no mercado da alta tecnologia, tão rara que, apesar da natureza geral de alto risco do período do abismo, *qualquer empresa que executa com competência a estratégia do produto completo tem uma alta probabilidade de ter sucesso no mercado tradicional.*

Resumo: Dicas sobre a Gestão do Produto Completo

1. Use o diagrama de rosca para definir, e então comunicar, o produto completo. Sombreie todas as áreas pelas quais você pretende que a empresa assuma a responsabilidade básica. As restantes devem ser preenchidas pelo cliente ou por parceiros e aliados.

2. Analise o produto completo para ter certeza de que foi reduzido ao conjunto mínimo. É a filosofia KISS (Keep It Simple, Stupid — "Mantenha Simples, Estúpido", em tradução livre). É bem difícil gerenciar um produto completo sem sobrecarregá-lo com recursos adicionais e supérfluos.

3. Examine o produto completo do ponto de vista de cada participante. Veja se cada revendedor vence e se nenhum fica com uma fatia injusta. Injustiças aqui, sobretudo quando te favorecem, destruirão de imediato o esforço do produto completo; as empresas suspeitam naturalmente umas das outras e, com encorajamento, interpretarão o esquema inteiro como uma fraude.

4. Desenvolva devagar as relações do produto completo, atuando desde as situações existentes de cooperação até um programa mais formal. Não tente institucionalizar uma cooperação antes de ter exemplos confiáveis que todos possam aproveitar, sobretudo quem deve ser o cliente. E mais, não recrute diretamente parceiros concorrentes para atender a mesma necessidade no mesmo segmento, isso só vai desencorajá-los para não assumirem total comprometimento com o programa.

5. Com grandes parceiros, tente trabalhar de baixo para cima; com os pequenos, siga ao contrário. O objetivo em qualquer caso é trabalhar o mais próximo possível de onde as decisões que afetam o cliente são tomadas de fato.

6. Assim que forem estabelecidas relações formais, use-as como aberturas para comunicação apenas. Não conte com elas para ter cooperação. Basicamente, as parcerias funcionam

apenas quando pessoas específicas das diferentes empresas envolvidas escolhem confiar umas nas outras.

7. Se você trabalha com parceiros muito grandes, foque sua energia em estabelecer relações no nível das vendas na área e fique atento à perda de tempo e ao esforço com grandes equipes corporativas. Por outro lado, se trabalha com pequenos parceiros, seja sensível aos recursos limitados que eles têm e faça tudo que puder para mobilizar sua empresa para trabalhar a favor deles.

8. Finalmente, não fique surpreso se descobrir que o parceiro mais difícil de gerir é sua própria empresa. Se a parceria realmente é justa, é possível confiar em alguém interno insistindo em ter uma fatia maior do benefício. Ao responder, enxergue seus clientes como seus aliados mais confiáveis e fortes.

6

Defina a Batalha

Na véspera da invasão, vamos reagrupar. Já estabelecemos o ponto de ataque, um segmento de mercado-alvo incomodado com um problema que lhe dá um real motivo para comprar. Já mapeamos o produto completo necessário para eliminar o problema e recrutamos parceiros e aliados para cumprir a promessa. Agora o grande obstáculo é a concorrência. Para termos êxito ao assegurar nosso mercado inicial, precisamos entender quem ou o que é a concorrência, em que consiste sua relação atual com o cliente-alvo e como podemos nos posicionar melhor para tirá-la de nosso segmento do mercado-alvo.

É isso que significa a definição de batalha. *A regra fundamental do engajamento é que qualquer força pode derrotar outra força, se puder definir a batalha.* Se começamos a definir o território, se definimos os critérios competitivos para vencer, por que perderíamos? A resposta, bem desanimadora, é que não fazemos do jeito certo. Às vezes, é porque entendemos mal nossos pontos fortes e fracos, ou dos nossos concorrentes. Mas, muitas vezes, é porque interpretamos mal o que nossos clientes-alvo realmente querem ou temos medo da responsabilidade de assegurar que eles terão o que desejam.

Até que ponto alguém deve ir para atender os clientes? Bem, no caso de atravessar o abismo, uma das principais coisas que um cliente pragmático insiste em ver é a possível concorrência. Se você é novo no desenvolvimento de uma nova proposta de valor com visionários, essa concorrência provavelmente não existe, pelo menos não na forma como o pragmático gostaria. O que você precisa fazer é criá-la.

Criando a Concorrência

No desenvolvimento do Ciclo de Vida de Adoção da Tecnologia, a natureza da concorrência muda drasticamente. Essas mudanças são tão radicais que, em um sentido muito real, pode-se dizer que em mais de um ponto no ciclo não há uma concorrência óbvia. Infelizmente, onde não há concorrência, não há mercado. A título de introdução, precisamos repensar a importância da concorrência e como ela se relaciona com a travessia do abismo.

Com nossa experiência até o momento com o desenvolvimento de um mercado inicial, a concorrência não vem de produtos competitivos, mas sim de modos alternativos de operação. A resistência se dava em função da inércia crescente do compromisso com o status quo, do medo de arriscar ou da falta de um motivo convincente para comprar. Nosso objetivo no mercado inicial tem sido atrair patrocinadores visionários para ajudar a vencer essa resistência. Por sua vez, a concorrência deles vem de outras pessoas em sua própria empresa, os pragmáticos que rivalizam com os visionários para conseguir dinheiro e financiar projetos. Em geral, a solução competitiva dos pragmáticos é investir dinheiro para reduzir os problemas, um por vez (ao passo que os visionários desejam, como Alexandre, o Grande, com o nó górdio, cortá-los com um único, e muito caro, golpe). Os pragmáticos trabalham para instruir a empresa sobre os riscos e os custos envolvidos. Os visionários agem com apelos carismáticos para tomar ações corajosas e decisivas. A concorrência se estabelece no nível da agenda corporativa, não dos produtos concorrentes.

É assim que funcionam as concorrências no mercado inicial. Não é como acontece no tradicional, em parte porque não há visionários suficientes e porque os visionários em si gostam de atuar não no mercado tradicional, mas à frente dele. Agora estamos no verdadeiro domínio do pragmático. *Nele, a concorrência é definida por avaliações comparativas de produtos e revendedores em uma categoria comum.*

Tais avaliações dão ao processo de compra um ar de racionalidade que é muito reconfortante para o pragmático, do tipo que se manifesta nas matrizes de avaliação dos fatores ponderados e pontuados. E as conclusões tiradas dessas matrizes modelarão as dimensões e a segmentação do mercado tradicional. Os PCs desktop tradicionais, em que o Windows ainda tem vantagem, ainda são considerados melhores para a automação do escritório; ao passo que os notebooks, nos quais a Apple teve uma grande incursão, são melhores para trabalhar em trânsito; os tablets (uma posição ainda mais forte da Apple), para usar a computação em reuniões; e os smartphones, área em que o Android do Google assegura uma boa posição, por estarem online 24 horas por semana. Todos eles levaram a uma preferência crescente pelas redes sem fio, colocando a Cisco em alerta. Tudo isso é música para os ouvidos dos compradores pragmáticos que não gostam de comprar até que exista uma concorrência e um líder estabelecidos, pois isso é um sinal de que o mercado amadureceu o bastante para dar suporte a uma infraestrutura razoável do produto completo em torno de um ponto central identificado.

Resumindo, os pragmáticos são avessos a comprar até que possam comparar. *Portanto, a concorrência se torna uma condição fundamental para a aquisição.* Assim, vindo do mercado inicial, onde normalmente não há nenhum produto concorrente percebido, com o objetivo de entrar no tradicional, muitas vezes temos que *criar a concorrência.*

Criar a concorrência é a única decisão de comunicação mais importante do marketing tomada na batalha ao entrar no mercado tradicional. Ela começa posicionando seu produto em uma categoria de compra que já tem certa credibilidade entre os compradores pragmáticos. Essa categoria deve ser preenchida com outras opções de compra razoáveis, idealmente as com que os pragmáticos já estão familiarizados. Nesse universo, sua meta é posicionar seu produto como a escolha de compra correta e indiscutível.

O grande risco é enganar a concorrência, ou seja, criar um universo em interesse próprio. Você pode ter sucesso ao criar um cenário competitivo que claramente domina, mas infelizmente ele não é confiável nem atraente para os compradores pragmáticos. Por exemplo, posso declarar que sou o maior consultor de marketing de alta tecnologia com doutorado em Literatura Renascentista inglesa. Essa declaração pode ser confiável, mas não é muito atraente. Por outro lado, posso dizer que sou o maior consultor de marketing de todos os tempos; uma declaração atraente, talvez (embora não seja óbvio para mim como alguém pode ser um grande consultor e egoísta ao mesmo tempo), mas, em qualquer caso, não é confiável.

Assim, como podemos evitar a escolha de um cenário competitivo interesseiro ou irrelevante? O segredo é focar os valores e as preocupações dos pragmáticos, não dos visionários. Ajuda a começar com o modelo conceitual certo, nesse caso, a *Bússola do Posicionamento Competitivo*. Esse modelo é planejado para criar um perfil de valor dos clientes-alvo em qualquer lugar no Ciclo de Vida de Adoção da Tecnologia, identificar o que pareceria ser o cenário competitivo mais razoável para eles, desenvolver rankings comparativos nesse cenário quanto aos atributos de valor com a classificação mais alta em seu perfil, depois criar nosso desenvolvimento estratégico do posicionamento em torno desses rankings. Veja como funciona.

Bússola do Posicionamento Competitivo

Existem quatro domínios de valor no marketing de alta tecnologia: tecnologia, produto, mercado e empresa. Conforme os produtos seguem no Ciclo de Vida de Adoção da Tecnologia, o domínio de maior valor para o cliente muda. No mercado inicial, onde as decisões são dominadas pelos apaixonados por tecnologia e visionários, os principais domínios de valor são a tecnologia e o produto. No tradicional, onde as decisões são dominadas pelos pragmáticos e conservadores, os principais domínios são o mercado e a empresa. Nesse contexto, atravessar o abismo representa uma transição de valores baseados em produto para os baseados em mercado.

A Bússola do Posicionamento Competitivo mostra essa dinâmica:

BÚSSOLA DO POSICIONAMENTO COMPETITIVO

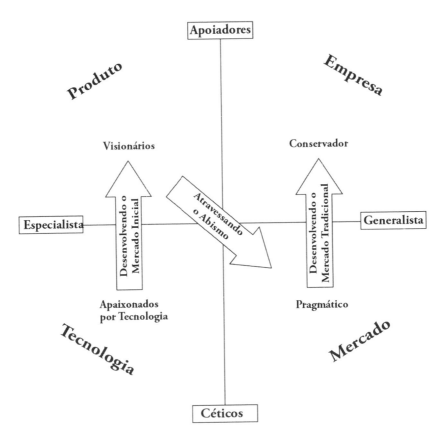

Há muitas informações nesse modelo, portanto, vamos organizá-las por partes.

- A direção fornecida pela bússola tem dois eixos identificados. A dimensão horizontal mostra a faixa de interesse do comprador e a compreensão dos problemas de alta tecnologia. Em geral, o mercado inicial é dominado por especialistas que, por natureza, estão mais interessados em questões relacionadas à tecnologia e ao produto do que na posição do mercado ou no porte da empresa. Por outro lado, o mercado tradicional é dominado por generalistas que estão mais interessados na liderança do mercado e na estabilidade da empresa do que nos detalhes ou nas velocidades e insumos de certos produtos.

- A dimensão vertical se sobrepõe a uma segunda medida, a atitude do comprador em relação à proposta de valor feita, variando desde o ceticismo até o apoio. Os mercados começam em um estado de ceticismo e evoluem para o de apoio. No caso do mercado inicial, os apaixonados por tecnologia são os guardiões céticos; no caso do mercado tradicional, são os pragmáticos. Assim que dão suas bênçãos, suas empresas (visionários e conservadores, respectivamente) se sentem livres para aderir.

- O modelo também aponta para o fato de que as pessoas que apoiam sua proposta de valor têm interesse em seus produtos e na empresa. *Os céticos, não.* Isso significa que, no começo de um mercado, quando o ceticismo é o estado comum, basear as comunicações no produto ou nos pontos fortes da empresa é um erro. Você não tem permissão para obter esses elementos porque os participantes do mercado ainda não acreditam que você existirá tempo suficiente para fazer uma diferença.

- Mas há outros meios de conquistar os céticos. Até os especialistas mais céticos estão sempre atentos aos novos progressos da tecnologia. Assim, embora você não possa fazer com que eles patrocinem inicialmente seu produto, pode levá-los a entender sua tecnologia e, com essa compreensão, conseguir simpatia pelo produto em si. Quanto mais eles gostam da tecnologia, mais fácil fica ter o apoio deles para o produto.

- Do mesmo modo, os generalistas céticos podem não ter interesse em uma empresa não testada, mas sempre se interessam por novos desenvolvimentos do mercado. Se puder mostrar aos generalistas que há uma necessidade emergente do mercado não atendida, uma na qual você posicionou produtos e esforços de marketing específicos para atender, então, pela oportunidade de mercado, eles podem aprender a gostar da sua empresa.

- Existem dois ritmos "naturais" de marketing na alta tecnologia: desenvolver o mercado inicial e desenvolver o mercado tradicional. Você desenvolve um mercado inicial demonstrando uma grande vantagem tecnológica e convertendo-a em credibilidade do produto, e desenvolve um mercado tradicional demonstrando uma vantagem de liderança e convertendo-a em credibilidade da empresa.

- Por oposição, a "transição do abismo" representa um ritmo artificial. Atravessar o abismo requer ir de um ambiente de apoio entre os visionários para um ceticismo entre os pragmáticos. Significa ir de uma zona de conforto de problemas do produto para a zona desconhecida de problemas do mercado e do público conhecido de especialistas de mesma opinião para o público desconhecido dos generalistas desconfiados.

Agora vamos associar tudo isso criando a concorrência. Se tivermos sucesso ao conquistar o quadrante inferior direito, os pragmáticos céticos, então qualquer diálogo sobre um cenário competitivo emergente precisará se basear nas preocupações do mercado. É isso que importa para os pragmáticos, ou seja, devemos mudar nosso foco de marketing de comemoração dos atributos de valor centrados no produto para os centrados no mercado. Veja uma lista representativa:

CENTRADO NO PRODUTO	CENTRADO MO MERCADO
Produto mais legal	Produto final mais completo
Mais fácil de usar	Ótima experiência do usuário
Arquitetura elegante	Compatibilidade
Preço do produto	Valor situacional adequado
Funcionalidade única	

No capítulo anterior, todo o foco no produto completo, nos parceiros e nos aliados era para mover nossa premissa de liderança da lista esquerda para a direita, isto é, faltando uma posição existente de liderança do mercado. Queríamos, dentro dos limites de um segmento de mercado gerenciável, criar atributos de valor, viabilizando um estado de liderança real do mercado. Agora precisamos comunicar o que conseguimos para ter o apoio dos compradores pragmáticos.

Para resumir, é o sistema de valor centrado no mercado, complementado (mas não substituído) pelo centrado no produto, que deve ser a base para o perfil de valor dos clientes-alvo ao atravessar o abismo.

Por sua vez, esse perfil de valor modelará como os clientes-alvo possivelmente perceberão o cenário competitivo e qual posição eles concederão a um novo participante que entra em cena.

Mais especificamente, criar a concorrência envolve usar dois concorrentes como faróis para que o mercado possa localizar a proposta de valor único da sua empresa. Chamaremos o primeiro deles de *mercado alternativo*. É um revendedor no qual o cliente-alvo compra por anos. O problema que eles enfrentam é o que abordamos e o orçamento alocado para eles representa o dinheiro que nós, como participantes *alternativos*, adquiriremos. Para termos direito a esse orçamento, usaremos uma inovação disruptiva para lidar com um limite problemático e resistente na oferta tradicional.

Chamaremos o segundo concorrente de referência de *produto alternativo*. É uma empresa que também mobiliza a mesma inovação disruptiva que nós (ou, pelo menos, quase) e se posiciona como nós, como líder da tecnologia. Sua simples existência dá credibilidade à noção de que agora é a hora de adotar essa nova descontinuidade. Nossa intenção aqui é reconhecer a tecnologia delas, mas diferenciar devido ao nosso próprio foco específico do segmento.

Vejamos como isso acontece com alguns exemplos concretos.

Criando a Concorrência: Exemplo do Box

Com o advento da computação do consumidor na virada do século XXI, muitas novas ofertas correram para aproveitar a proliferação dos serviços de computação na nuvem. Uma das mais bem-sucedidas foi o DropBox, um utilitário muito simples de compartilhamento de arquivos que permite que os consumidores troquem fotos, música e outras coisas. Era tão fácil de usar que grupos de trabalho em empresas começaram a utilizá-lo também. Mas, sem nenhuma surpresa, dado seu foco na facilidade de uso pelo consumidor, o DropBox não investiu tão pesado nos recursos corporativos quanto os departamentos de TI demandam e, assim, a pesquisa foi para uma alternativa mais corporativa. Que entre o Box.

O desafio que o Box enfrentou era que as empresas já tinham uma solução muito propagada para o compartilhamento de arquivos para o usuário final chamada SharePoint da Microsoft. Ao mesmo tempo, DropBox era a marca mais conhecida com um apelo do consumidor firmado. Como o Box poderia vencer aqui?

Na verdade, acaba que é a situação de posicionamento perfeita. O SharePoint representava o mercado alternativo viável, enquanto o DropBox era o produto alternativo viável. Tudo que o Box tinha que fazer era se posicionar na interseção; a facilidade de uso do DropBox encontra os padrões corporativos do SharePoint. O melhor nos dois casos.

É fácil capturar essa interseção em uma matriz simples 2x2, como a seguir:

	ANTIGA TECNOLOGIA	NOVA TECNOLOGIA
Mercado-alvo	Mercado Alternativo	**VOCÊ**
Mercado mais amplo		Produto Alternativo

As duas alternativas destacadas nesse diagrama são seus *concorrentes de referência*. No caso do Box, ao desafiar a Microsoft como seu mercado alternativo, fica claro que ele está buscando os mesmos casos de uso e orçamento dentro da empresa. Ao mesmo tempo, ao desafiar o DropBox como seu produto alternativo, deixa claro que sua inovação disruptiva é a grande facilidade de uso. A empresa ainda precisa cumprir essas promessas e competir com força para vencer, mas ninguém fica confuso sobre qual jogo está sendo jogado.

Criando a Concorrência:
Exemplo do WorkDay

Voltando aos anos 1990, no início da era do software do cliente/ servidor, em que os PCs substituíram terminais como dispositivos de acesso do usuário final, o primeiro grande sucesso nos pacotes de aplicativos corporativos foi o PeopleSoft. Ele atravessou o abismo visando o departamento de RH, fornecendo um conjunto completo de funções interativas nunca disponibilizadas antes.

Mas, após uma década e a mudança do mercado de "melhor criação" para uma preferência por pacotes integrados, o PeopleSoft perdeu território para dois rivais muito maiores, Oracle e SAP. Então, na crise tecnológica de 2002, a Oracle iniciou uma tomada de poder hostil e altamente questionada que levou finalmente à aquisição da firma.

Porém, os fundadores do PeopleSoft não se deram por vencidos. Eles conseguiram ver que outra mudança estava a caminho no software corporativo, talvez até mais profunda do que a transição para o cliente/servidor: aplicativos de software como serviço (SaaS) executados na computação em nuvem. Ainda estava no início, mas eles se prepararam mais uma vez para fazer uma disrupção no mercado de RH.

O que tinham que fazer para comunicar sua nova posição? Bem, o mercado os conhecia como fundadores do PeopleSoft, portanto, eles apenas usaram esse exato produto como seu mercado alternativo. E, para o produto alternativo, escolheram a empresa SaaS mais badalada do planeta, a Salesforce.com de Marc Benioff.

Novamente, a mensagem foi indiscutível. Buscamos a base existente de clientes PeopleSoft, as pessoas para quem "nós" vendemos e que agora a Oracle "possui". E demos a elas todos os benefícios do SaaS (pré-pago, lançamentos contínuos, baixos custos de troca), as mesmas coisas que o antigo paradigma do cliente/servidor simplesmente não conseguia ter.

Só para deixar bem claro aqui, como mencionei no caso do Box, o WorkDay ainda enfrenta uma batalha difícil com um titular entrincheirado, a Oracle. Mas, usando com cuidado os concorrentes de referência, eles não precisaram se esforçar para explicar sua proposta de valor.

Vamos fechar esta seção vendo duas empresas que não tiveram tanta sorte.

Deixando de Criar a Concorrência:
Exemplos do Segway e do Better Place

O Segway no lançamento era como o Google Glass de sua era, uma tecnologia extraordinária que parecia, bem, muito boba. No caso de nunca ter visto um, ele lembra um cortador de grama vertical no qual você fica de pé e, simplesmente inclinando na direção para onde deseja ir, ele anda. Isso tudo é possível com uma tecnologia muito superior de giroscópio que mantém a pessoa equilibrada, ou melhor, um pouco desequilibrada, para se mover.

A empresa tinha o apoio da Kleiner Perkins, na época possivelmente a empresa líder de capital de risco no mundo, e o aparelho foi lançado com grande alarde como a nova mobilidade das pessoas. Qualquer um que trabalhasse andando agora teria um meio de transporte: carteiros, policiais de ronda, pessoas que faziam leitura dos medidores, vendedores de porta, você escolhe. Bem, então eles tiveram problemas com escadas. E isso limitou muito o campo de atuação.

Apesar de haver muitos lugares planos por aí e cada vez mais todo dia com investimentos em acessibilidade, por que o produto não conseguiu fazer progresso? Uma explicação é que ele não conseguia encontrar concorrentes de referência que dessem sentido à sua posição. Realmente não existe nenhum mercado alternativo. Isso quer dizer que não há nenhum orçamento de mobilidade das pessoas para visar. O mais próximo que se pode chegar seriam as bicicletas motorizadas, cadeiras de roda motorizadas ou talvez carrinhos de golfe, mas nenhum chegava perto o bastante. E, do lado do produto, não havia outras empresas utilizando essa tecnologia disruptiva em outros segmentos de mercado, portanto, mais uma vez, nenhum modo de ter uma referência cruzada de sucesso em outro lugar.

O Segway estava sozinho, e esse não é uma boa posição para estar quando se tenta atravessar o abismo. O mesmo se aplica ao que parecia ser uma proposta muito razoável no espaço do veículo elétrico, o Better Place de Shai Agassi.

Better Place foi fundado com uma proposta de valor impressionante. Os veículos elétricos eram claramente o futuro, mas carregá-los era muito demorado e a pessoa podia dirigi-los apenas em casos de uso restritos. Mas e se as baterias fossem substituídas? Então seria possível ir a um ponto de recarga, deixar a antiga bateria, inserir uma nova e seguir o caminho. É claro que há o risco de ficar parado com baterias defeituosas, portanto o modo de resolver isso era a infraestrutura funcionar, de ponta a ponta, como um utilitário público, com o consumidor simplesmente "comprando milhas" como um cliente de celular compra minutos.

A ideia era convincente o bastante para levantar US$850 milhões. Mas nunca saiu do papel. Nesse caso, a empresa tinha um produto alternativo claro, os outros veículos elétricos no mercado, com o mais bem-sucedido até o momento sendo o Tesla. Mas não tinha um mercado alternativo. Transporte público, Zipcars, telefones celulares, todos eram analogias. Não havia orçamento para adaptar em outro lugar. E mais, no lado do produto, onde a Renault assumiu a liderança com o primeiro carro, o resultado final não foi convincente o suficiente para atrair bastantes consumidores para utilizarem a infraestrutura em algo como uma capacidade econômica. Todo o esforço acabou desaparecendo lentamente e descansou em 2013.

Concluindo

Com essas histórias de advertência, deixe-me fechar esta seção com um aviso. Se você experimentar esse exercício de escolha da concorrência e tiver problemas para encontrar um mercado alternativo claro ou um segundo revendedor confiável que utiliza seu tipo de tecnologia disruptiva, isso é uma dica. Significa que provavelmente você não está pronto para atravessar o abismo.

A travessia requer um segmento-alvo de entrada e, nesse segmento, já precisa existir um orçamento para comprar sua oferta. Com certeza, o orçamento terá o "nome incorreto", porque estará alocado para alguma abordagem improvisada, ineficiente e idiota para resolver o que se tornou um processo falho de missão crítica. Mas deve existir, se não você perderia um ano inteiro só para instruir o mercado para reservar dinheiro que possa ser usado para comprar seu produto no ano seguinte.

Escolher seu mercado alternativo com sabedoria é a solução para o problema. Mas precisa ser confiável. E entenda que, assim que você faz sua escolha, está prestes a lutar. Esse mercado alternativo, qualquer que seja, tinha planos para o dinheiro que você está visando. Na verdade, ele considera esse orçamento como *dele* e não será gentil em suas ações.

É onde entra o produto alternativo. Você precisa deixar claro para todos os envolvidos que uma mudança de tecnologia está a caminho aqui e que as antigas soluções simplesmente não acompanharão. Revistas especializadas, em seus melhores dias, não podem ser interativas. Programas de mala direta, em seus melhores dias, não podem me acessar no campo de golfe. Agentes gerais, em seus melhores dias, não podem dar respostas 24 horas por dia para as perguntas do consumidor, pelo menos não de forma rentável. Não é de seu interesse ridicularizar o desempenho da Velha Guarda constituída. Na verdade, você deve honrá-la, pois seu cliente-alvo tem relações antigas com esses revendedores. Pelo contrário, deve-se sugerir que está surgindo uma nova onda e que você pretende domesticar essa tecnologia para os mesmos fins dos provedores de solução testados e comprovados.

Portanto, os mercados alternativos pedem um orçamento e uma categoria de mercado, e os produtos alternativos pedem um diferencial. Lembra muito o posicionamento, o assunto que veremos agora.

Posicionamento

Criar a concorrência, mais do que qualquer outra coisa, representa um marco no posicionamento. O posicionamento é o componente mais analisado e menos compreendido do marketing de alta tecnologia. Você pode se abster de cometer os maiores erros de posicionamento se simplesmente lembrar dos seguintes princípios:

1. *Posicionamento, antes de tudo, é um estado, não uma ação.* Ou seja, é mais bem compreendido como um atributo associado a uma empresa ou um produto, não como os contorcionismos de marketing que as pessoas fazem para estabelecer essa associação.

2. *O posicionamento é a maior influência sobre a decisão de compra.* Serve como um atalho do comprador, modelando não só a escolha final, mas até como ele avalia as alternativas que levam a essa escolha, ou seja, muitas vezes as avaliações são apenas racionalizações do posicionamento preestabelecido.

3. *O posicionamento existe na cabeça das pessoas, não nas palavras.* Se você quer falar com inteligência sobre posicionamento, deve ter uma posição verbal que possivelmente já existe na cabeça das outras pessoas e não nas palavras que saem direto de um anúncio de publicidade recente.

4. *As pessoas são altamente conservadoras quanto a mudanças de entretenimento no posicionamento.* É apenas outro modo de dizer que as pessoas não gostam que você mexa no que está dentro da cabeça delas. Em geral, as estratégias de posicionamento mais eficientes são as que demandam a menor mudança.

Levando em conta tudo isso, é possível falar sobre *posicionamento* como ação, ou seja, um conjunto de atividades designadas a viabilizar o *posicionamento* como um estado. Aqui, existe um ponto fundamental para o sucesso: quando a maioria das pessoas pensa em posicionamento nesse sentido, pensa em como *facilitar a venda* dos produtos. Mas o objetivo certo é *facilitar sua compra*.

As empresas focam a fabricação de produtos com venda mais fácil porque essa é a preocupação delas: vender. Elas carregam suas comunicações de marketing com cada possível argumento de venda, seguindo a velha máxima: água mole, pedra dura, tanto bate até que fura. Os futuros clientes evitam esse bombardeio que, por sua vez, faz com que os vendedores os busquem com muito mais dificuldade. Mesmo que as palavras pareçam abordar os valores e as necessidades do cliente, a comunicação está mesmo focada na tentativa do vendedor de manipulá-los, um fato que fica muito óbvio para o consumidor em potencial. É muito desagradável, tudo porque a empresa tentou facilitar a venda de seu produto, em vez de facilitar sua compra.

Pense um pouco. A maioria das pessoas resiste em vender, mas gosta de comprar. Focando a facilidade de compra de um produto, você foca o que os clientes realmente querem. Em troca, eles sentem isso e recompensam você com suas compras. Desse modo, fácil de comprar se torna fácil de vender. O objetivo do posicionamento é criar um espaço dentro da cabeça do cliente-alvo chamado "melhor compra para esse tipo de situação" e conseguir uma ocupação indiscutível desse espaço. Só então, quando a luz verde acende e não resta nenhuma alternativa concorrente, é fácil comprar um produto.

Agora, a natureza desse espaço de melhor compra é em função de quem é o cliente-alvo. Na verdade, esse espaço é criado e se expande de modo cumulativo conforme o produto segue no Ciclo de Vida de Adoção da Tecnologia. Existem quatro estágios fundamentais nesse processo, correspondendo a quatro tipos psicográficos básicos:

1. Nomeie e estruture. Os clientes em potencial não podem comprar o que não conseguem nomear, nem podem buscar o produto, a menos que saibam em qual categoria procurar. Essa é a quantidade mínima de posicionamento necessário para que um apaixonado por tecnologia tenha facilidade para comprar o produto.

   O objetivo aqui é criar uma descrição tecnicamente precisa da inovação disruptiva que a coloca em sua categoria correta ontologicamente, com um modificador descritivo que a separa dos outros membros nessa categoria. Pense em Carlos Lineu catalogando o mundo dos organismos biológicos.

   Veja três exemplos de nomenclatura e organização:

   - Verinata é um teste genérico que isola e analisa células fetais extraídas de uma amostra de sangue da mãe para detectar síndrome de Down.
   - HANA é um sistema de banco de dados que opera na memória integralmente, eliminando obstruções no de-

sempenho associadas à gravação/leitura do disco ou à nova hospedagem dos dados em um data warehouse.

- Nicira é uma rede definida por software em que a configuração da rede e o plano de controle saem do equipamento de roteamento e distribuição para serem executados em um servidor, que pode gerenciar a rede inteira a partir de um único ponto de controle.

Se você não tem formação técnica sobre essas categorias, é provável que essas declarações de posicionamento não façam muito sentido. Mas, para os especialistas no setor, com certeza farão. É o que você precisa para se comunicar com os apaixonados por tecnologia.

1. *Para quem e o quê.* Os clientes não comprarão algo até que saibam quem vai usá-lo e para qual finalidade. É a extensão mínima para o posicionamento, necessária para que a venda para um visionário seja fácil.

   Os visionários não sem importam com a ontologia da inovação, mas se preocupam com seu impacto em potencial. Qual mudança disruptiva é permitida no ambiente deles para que possam aproveitar uma vantagem competitiva radical?

   Se aplicássemos esse padrão nos três exemplos anteriores, geraríamos afirmações de posicionamento como as seguintes:

   - Para as gestantes, médicos e planos de saúde, a Verinata fornece um teste de rastreio na gravidez que é menos doloroso, mais seguro e mais barato que a amniocentese, ao mesmo tempo que entrega os resultados mais precisos do setor.

- Para os donos de processos comerciais e organizações TI que lhes dão suporte, o HANA permite que uma análise em tempo real seja aplicada nas transações conforme elas se desdobram, redirecionando-as para resultados otimizados que não seriam conquistados de outro modo.

- Para os administradores de rede que operam em um ambiente de computação na nuvem, o Nicira permite uma reconfiguração rápida de uma única estrutura de rede para atender necessidades de desempenho muito diferentes de várias aplicações críticas.

A ideia central aqui é focar as partes *E daí?* e *Quem se importa?* da proposta de valor. Se o *quem* tem influência e orçamento, e o *o que* é uma recompensa grande o bastante, então vale a pena correr o risco de patrocinar uma compra do mercado inicial.

1. *Concorrência e diferencial.* Os clientes podem não saber o que esperar ou o que pagar por um produto até que possam colocá-lo em um contexto comparativo. *É a extensão mínima para o posicionamento necessária para que seja fácil para um pragmático comprar um produto.*

   É por definição uma situação pós-abismo, pois agora é bem viável que existam vários revendedores competindo para atender o mesmo orçamento para a categoria.

   Nas páginas anteriores, falamos que, ao atravessar o abismo, temos que "criar" a concorrência, aproveitando a interseção de um mercado e um produto alternativos. Esse é um caso especial. O caso mais geral, e o mais familiar para as agências de mercado com as quais um empreendedor pode trabalhar, é para os mercados mais estabelecidos. Neles, o objetivo é posicionar ofertas relativas a seu status de adoção. Considere os seguintes exemplos:

- Na categoria dos smartphones, os iPhones da Apple são líderes no design, os telefones Android do Google são líderes em preço/desempenho, ao passo que os telefones BlackBerry da RIM são estrelas decadentes e os telefones Windows 8 da Microsoft chegaram por último.

- Na categoria de software de colaboração corporativo, o Jive é o mais forte nas implantações para TI; o Yammer, nas implantações básicas do usuário final; e o Chatter da Salesforce, nas aplicações de comunicação orientadas ao cliente.

- Entre os serviços públicos de computação na nuvem, os Web Services da Amazon são de longe o líder de mercado, com o Rackspace fornecendo uma alternativa de fonte aberta e a Microsoft se especializando em hospedar versões na nuvem de suas próprias ofertas de software corporativo.

Essas distinções ajudam um generalista a aprovar as decisões de compra tecnológica criando pontos de referência com "adotantes como eu".

1. *Finanças e futuros.* Os clientes não conseguem estar totalmente seguros ao comprar um produto até que saibam que ele vem de um revendedor com fôlego que continuará a investir nessa categoria de produto. É a extensão final do posicionamento necessária para que a compra de um produto seja fácil para um conservador.

   Microsoft, IBM, Oracle, Intel, SAP, EMC e Cisco são empresas lucrativas e antigas com as quais os conservadores se sentem confortáveis. A Dell e a HP se colocaram atrás aqui com um mau desempenho mantido nos últimos anos. A Sun ficou tão para trás que teve que ser adquirida pela Oracle.

Essas quatro estratégias de posicionamento correspondem aos quatro quadrantes da Bússola do Posicionamento. A principal conclusão desta seção é que o posicionamento é mais um estado de espírito do público do que seu. As afirmações de posicionamento mais falhas surgem da incapacidade dos revendedores de enxergar o ponto de vista de outra pessoa.

Processo do Posicionamento

Quando o posicionamento é considerado basicamente como um verbo, ele se refere a um processo de comunicação com quatro componentes principais:

1. *Afirmação.* O segredo aqui é reduzir a afirmação da posição fundamental, ou seja, uma afirmação de liderança de mercado indiscutível em certo segmento de mercado-alvo, para um formato com duas frases descrito mais adiante neste capítulo.
2. *Evidência.* A afirmação de uma liderança indiscutível não tem sentido se ela pode, de fato, ser contestada. O segredo aqui é apresentar uma evidência suficiente no sentido de tornar qualquer contestação descabida.
3. *Comunicações.* Armado com uma afirmação e uma evidência, o objetivo aqui é identificar e lidar com os públicos certos na sequência correta com as versões certas da mensagem.

4. *Feedback e ajuste.* Assim como os técnicos de futebol têm que fazer ajustes no intervalo nos planos do jogo, os profissionais do marketing também precisam, uma vez que o posicionamento tenha sido exposto à concorrência. Os concorrentes podem esperar encontrar falhas no esforço inicial e elas precisam ser corrigidas ou respondidas.

Esse último componente torna o posicionamento um processo dinâmico, não um fato isolado. Como tal, significa que os profissionais do marketing reveem os mesmos públicos muitas vezes durante a vida útil de um produto. Portanto, estabelecer relações de confiança, em vez de impressionar uma única vez, é o segredo de qualquer sucesso contínuo.

Afirmação: Passando no Teste do Elevador

Dos quatro componentes, o mais difícil de acertar é de longe a afirmação. Em geral, não é por falta de ideias, mas porque não podemos expressá-las em um espaço de tempo razoável. Daí o teste do elevador: você consegue explicar seu produto durante o tempo em que está em um elevador? Os investidores de risco usam isso o tempo todo como um teste do potencial de investimento. Se você não passar no teste, eles não investem. Veja o motivo.

1. *Qualquer que seja sua afirmação, ela não pode ser transmitida no boca a boca.* Nesse meio, a unidade de pensamento tem no máximo uma ou duas frases. Além disso, as pessoas não conseguem fixar em suas cabeças. Como já constatamos que

o boca a boca é fundamental para o sucesso do marketing de alta tecnologia, você deve perder.

2. *Suas comunicações de marketing estarão em todo lugar.* Sempre que alguém escreve um folheto, uma apresentação ou um anúncio, essa pessoa pega a afirmação de alguma outra parte e propõe outra versão do posicionamento. Independentemente de a versão ser boa, ela não reforçará as versões anteriores e o mercado não se sentirá confortável com o fato de que conhece sua posição. É muito difícil comprar um produto com posição incerta.

3. *Sua P&D estará em todo lado.* Mais uma vez, como existem muitas dimensões diferentes para seu posicionamento, a engenharia e o marketing do produto podem escolher qualquer rota diferente que possa ou não resultar em uma vantagem de mercado real. Você não terá uma proposta vencedora clara, mas muitas perdas grandes.

4. *Você não conseguirá recrutar parceiros e aliados,* porque eles não terão certeza sobre seus objetivos para um comprometimento significativo. Pelo contrário, dirão entre si e para o resto do setor que é uma "Ótima tecnologia; é uma pena que não possam comercializar".

5. *É improvável que você consiga financiamento de alguém com experiência.* Como já mencionado, a maioria dos investidores experientes sabe que, se você não consegue passar no teste do elevador, entre outras coisas, não tem uma estratégia de marketing clara, ou seja, que pode ser investida.

Portanto, como poderemos garantir que passaremos no teste do elevador? O importante é definir sua posição com base no segmento-alvo que pretende dominar e na proposta de valor com a qual planeja dominá-lo. Essa é a afirmação de posicionamento *para quem e o quê* é entendida pelos visionários e dá início à concorrência do mercado inicial. Ao mesmo tempo, você também deseja prenunciar seu futuro mercado tradicional, aproveitando o posicionamento da *concorrência e do diferencial* analisado em relação aos concorrentes de referência do mercado e do produto.

Veja uma fórmula comprovada para colocar tudo isso em duas frases curtas. Experimente em sua empresa e com um dos principais produtos. Basta preencher as lacunas:

- Para (clientes-alvo — segmento inicial apenas)
- Quem está insatisfeito (*mercado alternativo* atual)
- Nosso produto é (categoria do produto)
- Isso fornece (principal capacidade para resolver um problema)
- Diferente (*produto alternativo*)
- Criamos (principais recursos do produto completo para sua aplicação específica)

Vamos experimentar com alguns exemplos, começando com alguns que já vimos antes neste capítulo.

Verinata

- Para gestantes com mais idade e outras
- Que desejam uma alternativa para a amniocentese ao rastrear a síndrome de Down,

- A Verinata fornece uma análise genética do DNA fetal

- Que não envolve inserir uma agulha no útero.

- Diferente dos outros testes genéticos para detectar anomalias fetais,

- O teste Verinata é o mais preciso no mercado.

HANA

- Para varejistas online e outros

- Que desejam dar melhor assistência aos clientes para fazer vendas casada e cruzada para consumidores durante as transações de compra,

- HANA é um banco de dados para o processamento de transações online

- Que suporta análise aplicada em tempo real para determinar a melhor oferta a fazer.

- Diferente das soluções de banco de dados da Oracle, líder de mercado,

- HANA não precisa combinar e manter dois ambientes separados para o processamento da transação e a análise.

Agora, o que é normalmente interessante ao escrever uma afirmação como essa não é a escrita, mas do que abrimos mão. No caso da Verinata, não há nada sobre ser o teste mais barato. E, no caso do HANA, há um pequeno foco nos varejistas, mesmo sabendo que existem muitos outros aplicativos para banco de dados na memória fora do varejo. Nos dois casos, não seria melhor ter incluído afirmações de valor extras para ter um efeito maior?

A resposta aqui é um grande *não*. Na verdade, é exatamente isso que destrói a maioria dos esforços de posicionamento. *Lembre-se: o objetivo do posicionamento é criar e ocupar um espaço dentro da cabeça dos clientes-alvo.* Agora, como já mencionamos, as pessoas são muito conservadoras sobre o que permitem que seja feito em suas cabeças. Uma das coisas que não gostam é que alguém ocupe espaço demais. Isso significa que elas usarão uma referência abreviada: Mercedes ("top de linha, conservadora"), BMW ("sedan luxuoso, jovem"), Cadillac ("top de linha norte-americano, esgotado"), Lexus ("novo no pedaço, melhor tipo atual"). Esse é todo o espaço que você consegue para sua afirmação primária do diferencial. É como um telegrama com menos de uma linha. Se você não fizer a escolha de preencher o espaço com um atributo, o mercado fará isso em seu lugar. E, como o mercado inclui sua concorrência tentando destituir você, não conte com sua bondade.

Um ponto final sobre as afirmações antes de vermos outros problemas: *a afirmação da posição não é o slogan do anúncio.* As agências de publicidade propõem slogans, não grupos de marketing. A função da afirmação da posição é controlar a campanha de publicidade, assegurar que, por mais "criativa" que possa se tornar, mantenha a estratégia. Se a intenção da publicidade não é idêntica à da afirmação, então é a publicidade, não a afirmação, que deve mudar, independentemente de ser ótima.

Ônus da Prova que Muda

O mais difícil sobre o marketing de alta tecnologia é que, no exato momento em que você o entende, ele fica obsoleto. É assim até com algo tão inocente quanto fornecer uma evidência, ou seja, como tudo mais na alta tecnologia, o tipo de evidência necessária evolui no Ciclo de Vida de Adoção da Tecnologia. Isso pode ser resumido na estrutura da Bússola do Posicionamento Competitivo:

Subindo à esquerda, então à direita na bússola, podemos rastrear a evolução da evidência desejada conforme o mercado evolui do apaixonado por tecnologia, vai para o visionário, para o pragmático e para conservador. O principal a notar é a transição do produto para o mercado, correspondendo à travessia do abismo. É apenas uma confirmação de algo que já comprovamos o tempo todo, que os pragmáticos estão mais interessados na resposta do mercado para um produto do que no produto em si.

O que é particularmente complicado para uma empresa de alta tecnologia nessa transição é que, pela primeira vez, as principais fontes de evidência desejada não estão diretamente sob controle dela. Não é uma questão de ter os recursos certos ou vencer a guerra certa no início, mas é uma questão de outras pessoas, teoricamente as partes desinteressadas, votando para endossar seu produto não apenas verbalmente, mas com ações. É um investimento real ao criar um produto completo que demonstra para os pragmáticos que, se você ainda não é líder no segmento de mercado, está destinado a ser.

Resumindo, para o comprador pragmático, a evidência mais poderosa da liderança e a possibilidade de uma vitória competitiva é a fatia de mercado. Na ausência de números conclusivos aqui, os pragmáticos verão a qualidade e quantos parceiros e aliados você reuniu do seu lado, assim como o grau de comprometimento demonstrado com sua causa. O princípio operacional aqui é que você identifique os líderes por seus seguidores. O tipo de evidência que esse comprador procura são sinais de um marketing colaborativo, como vendas conjuntas por telefone e referência cruzada dos produtos no folheto de vendas, e suporte mútuo consistente, mesmo quando a outra parte não está presente no ambiente.

Esse ponto leva diretamente à estratégia de comunicação para atravessar o abismo. Não só é preciso desenvolver a evidência do suporte do produto completo, como também é necessário assegurar que todos ouçam.

POSICIONAMENTO: EVIDÊNCIA

APOIADORES

- Pontos de referência
- Críticas do produto
- Vitórias do design
- Volumes das vendas iniciais
- Imprensa especializada
- Confirmações de visionários

- Receitas e lucros
- Parceiros estratégicos
- Clientes de primeira linha
- Linha de produtos completa
- Imprensa comercial
- Confirmações de analistas financeiros

ESPECIALISTA

Produto	Empresa
Tecnologia	Mercado

GENERALISTA

- Arquitetura
- Esquema
- Demos
- Testes
- Imprensa da tecnologia
- Confirmações de gurus

- Fatia de mercado
- Suporte de terceiros
- Certificação de padrões
- Proliferação de aplicações
- Imprensa vertical
- Confirmações de analistas do setor

Lançamentos do Produto Completo

O conceito de um *lançamento do produto completo* deriva da prática muito conhecida do lançamento de um produto, ou seja, sempre que um novo produto de alta tecnologia é introduzido, é comum lançá-lo informando primeiro os analistas do setor e os editores de longo prazo bem antes da data de lançamento (para que possam servir de referência), depois fazer um tour com os principais executivos na imprensa semanal especializada, na semana antes do lançamento, com o anúncio em si coroado com um evento.

Esses lançamentos funcionam muito bem quando o produto em si é uma "novidade". Por isso, eles são uma ferramenta adequada para o desenvolvimento dos mercados iniciais. Mas, pelo mesmo motivo, eles não são apropriados para atravessar o abismo. Nesse ponto, o produto não é uma novidade, pelo menos é melhor que não seja se planejamos conquistar o comprador pragmático. Portanto, a imprensa especializada não está interessada em um ótimo artigo anunciando a Versão 2.0, nem que seja a Oracle, a SAP ou a Microsoft. Portanto, se a mensagem não é "Veja meu novo produto incrível", qual será e como você fará isso?

A mensagem que será entendida agora é muito mais como "Veja o novo mercado incrível". Em geral, ela consiste em uma descrição do novo mercado emergente, ancorada por uma nova abordagem para um problema bem resistente às soluções convencionais, alimentado por um grupo emergente de parceiros e aliados, cada um fornecendo uma peça do quebra-cabeça do produto completo, para a satisfação de um grupo de clientes que cresce e fica cada vez mais visível. O fascínio nessa história é que estamos vendo uma nova tendência na fabricação e todos que têm um lugar nesse bonde participarão da

Grande Vitória. É uma ótima história para as pequenas empresas empreendedoras contarem por que lhes dá uma credibilidade que elas não conseguem ter sozinhas. Seu produto nem precisa ser o centro do produto completo, basta ser um componente indispensável, como foi a GPU (unidade de processamento gráfico) da ATI no Xbox 360 da Microsoft ou a tecnologia ARM, que é a alma dos iPhones da Apple.

Agora, como as comunicações de marketing podem melhorar suas chances de conquistar tal posição? Primeiro, os profissionais de marketing precisam escolher o espaço de comunicação certo. Em geral, existem dois que servem para as histórias do produto completo. O primeiro é a imprensa comercial. As histórias do produto completo, sobretudo as estimuladas por parcerias e alianças reunidas para alcançar um resultado maravilhoso para certa empresa, são o sustento do negócio. As empresas que se organizam para realizar esse feito com consistência, dominando certo segmento de mercado, são particularmente interessantes.

Se a empresa é nova, com certeza a imprensa comercial fica desconfiada. Nesse caso, é importante criar primeiro algumas referências na comunidade de analistas financeiros, com base não na empresa em si, mas na oportunidade de mercado que ela tem em vista. Normalmente, os analistas financeiros são bem abertos aos informes sobre oportunidades emergentes do mercado e, nesse contexto, podem ser persuadidos para ter interesse em um empreendimento emergente. Assim que eles se envolvem no mercado, podem ser usados como um ponto de referência pela imprensa comercial ao desenvolver uma história.

Ao levar a história para tal imprensa, é importante trazer junto o máximo possível de outros participantes do mercado. Uma tática eficiente é fazer uma coletiva com diversos porta-vozes na mesa: clientes, analistas, parceiros, distribuidores etc. Uma versão mais elaborada da mesma abordagem é patrocinar uma conferência sobre uma questão central que orienta o desenvolvimento desse mercado. O principal objetivo em qualquer caso é comunicar o efeito manada em andamento.

Por fim, a comunicação via imprensa comercial precisa ser feita dentro da estrutura de uma grande ideia. As histórias de tecnologia, contadas no nível dela, são interessantes apenas como vinhetas, contos usados entre os artigos principais. Para que uma história de tecnologia seja uma *história comercial*, ela tem que ser algo que transcenda a alta tecnologia. Em geral, a origem da história é uma nova oportunidade ou problema que agora pode ser tratado com eficiência por causa dos avanços no setor. Esses avanços serão estimulados pelas inovações tecnológicas, que farão parte da história, mas agora são vistos como uma extensão do produto completo e isso será o principal tema da história.

A grande vantagem da imprensa comercial como meio de comunicação é sua alta credibilidade em todas as situações de compra comercial. É uma faca de dois gumes para a empresa empreendedora. Para preservar essa credibilidade, a imprensa reluta em endossar as empresas até que elas sejam bem testadas, ou seja, leva muito tempo para conseguir uma cobertura. Por outro lado, já tendo avançado nesse meio, fica muito mais fácil repetir a dose. Além disso, a cobertura subsequente do produto na imprensa comercial tende a se tornar mais meticulosa conforme a empresa consegue maior prestígio na imprensa empresarial.

Portanto, construir relações com os editores da imprensa comercial, inicialmente em torno da história do produto completo, é a principal tática para atravessar o abismo. Além dessa imprensa, outro canal de comunicação para publicar a mensagem do produto completo é o que poderia ser chamado de "mídia vertical", isto é, uma mídia especificamente dedicada a certo setor ou profissão. Apresentações e conferências do ramo industrial, reuniões de associações profissionais e publicações dedicadas a um segmento de mercado específico tendem a atrair pragmáticos e conservadores, pessoas que valorizam muito a manutenção de relações em seu grupo. Essas associações são relativamente abertas à participação de revendedores de apoio, contanto que eles não sejam muito invasivos em suas mensagens de vendas.

As questões do produto completo são ideais para esse tipo de comunicação. A ideia é conseguir espaço com várias pessoas em certo setor e traçar o estado atual da inovação tecnológica no mercado do revendedor conforme ela se relaciona com seu negócio. Corretamente estruturadas, essas sessões colocam o consumidor, não o revendedor nem o produto dele, no centro de tudo. Elas se alinham com as necessidades do consumidor e as alternativas disponíveis para atender essas necessidades. Assim, embora estejam em um nível claro de interesse próprio do revendedor, não *parecem* interesseiras, posicionando o revendedor mais como consultor do que como vendedor.

O objetivo de uma campanha de lançamento do produto completo, em geral, é desenvolver relações que deem apoio a uma campanha boca a boca positiva para sua empresa e produtos. A primeira coisa a lembrar é que desenvolver tais relações leva tempo, ou seja, tempo para desentocar quem são os principais influenciadores, tempo para conhecê-los em uma condição mais ou menos igual, tempo para ficar a par dos problemas do setor para que a relação seja pertinente e valiosa para ambas as partes. Outra coisa a lembrar é que, assim que essas relações são estabelecidas, elas representam uma barreira maior para a entrada de qualquer concorrente. Pragmáticos e conservadores, o centro de qualquer mercado tradicional, gostam de fazer negócio com pessoas que eles conhecem.

Resumo: Checklist do Posicionamento Competitivo

Para definir a batalha com eficiência para que você conquiste o negócio de um comprador pragmático, é preciso:

1. Focar a concorrência no segmento de mercado estabelecido por sua proposta de valor imprescindível, isto é, a combinação de cliente-alvo, oferta do produto e motivo convincente para comprar que estabelece o principal motivo para existir.

2. Criar uma concorrência em torno do que representa, para um comprador pragmático, um conjunto de modos alternativos razoável e bem completo para conseguir essa proposta de valor. Não interfira nesse conjunto excluindo artificialmente um concorrente aceitável; nada poderia afastar mais seu comprador pragmático.

3. Focar suas comunicações reduzindo sua afirmação competitiva fundamental a uma fórmula com duas frases, depois gerenciar cada parte da comunicação da empresa para assegurar que sempre fique dentro dos limites definidos por essa fórmula. Em particular, sempre reforce a segunda frase dessa afirmação, a que identifica sua concorrência primária e qual é seu diferencial.

4. Demonstrar a validade de sua afirmação competitiva com a qualidade da solução do seu produto completo e a qualidade dos seus parceiros e aliados para que o comprador pragmático conclua que você é, ou será em breve, o líder indiscutível desse cenário competitivo.

7

Comece a Invasão

Neste capítulo, as partes finais da estratégia do Dia D entram em cena: distribuição e preço. Conforme começamos nossa invasão no abismo, a distribuição é o veículo que nos levará em nossa missão e o preço é o combustível. Essas duas questões são os dois únicos pontos em que as decisões de marketing têm um contato direto com o novo cliente tradicional. Assim, as decisões na distribuição e no preço têm um grande impacto estratégico e, na distribuição em particular, normalmente há apenas uma chance de acertar. Por esse motivo, colocamos os dois últimos na sequência do planejamento da invasão, para podermos analisar primeiro outras coisas.

O principal objetivo corporativo, ao atravessar o abismo, é assegurar um canal no mercado tradicional que deixe o cliente pragmático à vontade. Esse objetivo vem antes das receitas, dos lucros, da imprensa, até mesmo da satisfação do cliente. Todos os outros fatores podem ser corrigidos mais tarde, mas apenas se o canal for estabelecido. Isto é, se o canal não for criado, nada mais poderá ser feito. Por fim, como o estabelecimento do canal é a principal meta, a função fundamental do preço durante esse mesmo período é atingir o mesmo fim. Em outras palavras, durante o período do abismo, a primeira preocupação com o preço não é satisfazer o cliente nem os investidores, mas *motivar o canal.*

Resumindo, ao atravessar o abismo, procuramos atrair uma *distribuição para o cliente* usando o *preço para a distribuição* como uma de nossas iscas

Distribuição para o Cliente

O mundo das vendas de alta tecnologia, marketing e distribuição mudou radicalmente na última década, em grande parte devido ao crescente impacto da web. Por outro lado, o que não mudou são os clientes que esses canais de distribuição visam. Basicamente, esse grupo tem cinco classes, cada uma associada a uma abordagem ideal:

1. *Executivos* tomando decisões de compras de itens caros focados em sistemas complexos a serem adotados amplamente em suas empresas.

2. *Usuários finais* tomando decisões de compra com custo relativamente baixo focados em tecnologias pessoais ou de grupos de trabalho a serem adotadas de modo local e individual.

3. *Chefes de departamento* tomando decisões de compra de médio custo para soluções específicas dos casos de uso que serão adotadas em sua própria organização.

4. *Engenheiros* tomando decisões de design para produtos e serviços a serem vendidos para os clientes de sua empresa.

5. *Operadores/proprietários de pequenos negócios* tomando decisões de compra modestas que são muito importantes para eles, dado o capital limitado para gastar e a grande necessidade de ter um retorno.

Cada um desses grupos tem um canal preferido de distribuição. Vejamos como cada um funciona.

Vendas Diretas e o Comprador Corporativo

Os compradores corporativos que fazem compras de sistemas maiores esperam pagar centenas de milhares ou milhões de dólares. Nesse contexto, eles procuram um consultor de vendas experiente que identifique suas principais necessidades e personalize a oferta do revendedor para atendê-los. A abordagem de vendas diretas atende a essa expectativa via abordagem vertical para o marketing, vendas e entrega.

O marketing envolvido é chamado de *marketing de relacionamento*. Normalmente consiste em eventos de liderança planejados para atrair muitos executivos sênior para um fórum no qual eles possam aprender com especialistas, trocar ideias entre si e se conectar com a equipe sênior do revendedor. Isso é seguido por contatos pessoais, muitas vezes levando a uma indicação na organização para explorar uma possibilidade ventilada em uma conversa anterior.

Assim que o movimento de vendas entra em curso, a abordagem normal é chamada de *venda de soluções*, basicamente um trabalho de adequação do produto completo para atender necessidades específicas de certo interessado. Mas, no mercado inicial, os interessados podem nem saber que têm uma necessidade. Isso pode requerer algo que chamamos de *venda baseada em provocação*, em que o revendedor faz uma afirmação provocativa de que o cliente deve redirecionar o orçamento existente, em geral para atender uma oportunidade não percebida até o momento ou evitar uma crise. Em qualquer caso, o revendedor enviará um executivo altamente qualificado para se encontrar primeiro com um membro sênior da equipe de gestão da futura empresa para descobrir se há um patrocínio, depois com vários gerentes intermediários para fazer uma análise das necessidades e desenvolver uma proposta. A partir desse ponto, o objetivo é conseguir permissão e obter o contrato por meio da compra, assinatura do pedido de compra e o trabalho em curso.

Durante a fase de entrega dessa abordagem de entrada no mercado, toda a adequação prometida na proposta precisa ser cumprida de fato. Em geral, requer que o revendedor coloque em campo sua própria equipe de serviços profissionais, basicamente focada em instalar os produtos do revendedor, muitas vezes complementadas por uma integração de sistemas de terceiros que assume a responsabilidade por toda a reengenharia periférica e integração necessárias para fazer a solução inteira funcionar.

As empresas que aproveitaram a abordagem de vendas diretas para atravessar o abismo e conseguir um crescimento meteórico incluem a Salesforce.com, a VMware e a WorkDay.

Autoatendimento Baseado na Web e Usuário Final Comprador

Em total oposição aos compradores corporativos, os usuários finais que compram tecnologia sozinhos esperam pagar talvez centenas de dólares por compra ou dezenas de dólares por mês, e muitas vezes após um período de teste gratuito. Nesse contexto, eles procuram uma transação de vendas que seja basicamente um autoatendimento. A web é incrível ao fornecer exatamente isso.

O marketing na web é basicamente um *marketing promocional*, muitas vezes orientado por uma oferta gratuita ou período de teste. Em geral é veiculado com anúncios para clicar e e-mail direcionado, que estão se tornando cada vez mais eficazes já que os profissionais de marketing exploram técnicas como a segmentação comportamental, aprendizado de máquina e outras tecnologias algorítmicas para melhorar suas taxas de conexão.

Assim que um usuário clica no link, muda o estado do relacionamento para uma atividade de vendas com *resposta direta*. Isso pode culminar com um primeiro contato ou, com mais frequência, uma série de contatos que permitem que os usuários finais testem antes de se comprometer. Com as ofertas de serviços digitais, costuma haver um período de teste gratuito ou uma oferta com configuração mínima fornecida completamente de graça. Isso é chamado de modelo *freemium*, em que a receita é gerada com uma venda casada para os clientes com ofertas de valor agregado após eles terem adotado a tecnologia principal de graça. Por outro lado, se a oferta consiste em um produto físico, não apenas em bits de softwares, então a venda normalmente é uma transação de e-commerce, como modelada pela Amazon, a líder global nesse modo de venda, inclusive um carrinho de compras, processo de pagamento, opções de envio e manuseio, confirmação do e-mail e avisos de rastreamento.

O suporte nesse mundo de venda transacional é planejado para evitar o contato pessoal, algo que economiza dinheiro para o revendedor e muitas vezes agrada ao cliente também. O menor denominador comum aqui é um site com FAQs (perguntas frequentes), auxiliado por um endereço de e-mail para outras consultas de suporte e, para os revendedores mais responsivos, um serviço de bate-papo em que um único profissional de suporte pode atender diversos clientes simultaneamente. Acima de tudo isso, há o suporte técnico da comunidade, do tipo fornecido pela Lithium, Jive e outras, em que clientes com conhecimento ajudam os novatos.

Não se sabe ao certo se as empresas que tiveram sucesso com esse modelo precisam atravessar um abismo ou não. Apresentamos um modelo alternativo para descrever o caminho de desenvolvimento do mercado delas em um apêndice no final deste livro, intitulado "Modelo das Quatro Engrenagens para a Adoção do Consumidor Digital". As empresas que gerenciaram essas quatro engrenagens para terem um resultado bem-sucedido incluem o Skype, empresa de comunicação na internet; a Yammer, empresa de colaboração corporativa; e a Prezi, empresa de apresentação de última geração.

Vendas 2.0 e o Gerente de Departamento Comprador

Os compradores de departamento que fazem compras de TI ficam em uma encruzilhada. Como fazem parte de uma empresa maior, precisam de sistemas à altura das exigências nesse contexto. Mas eles não têm orçamento nem equipe para dar suporte a tais aquisições. Historicamente, eles tinham que se contentar com soluções montadas com uma qualidade muito variada e entregue por revendedores locais de valor agregado. Mas a internet e a web criaram um canal alternativo de vendas poderoso, que alguns chamam de Vendas 2.0.

Vendas 2.0 consiste em um marketing direto, vendas e serviços feitos inteiramente na mídia digital. O marketing lembra muito o marketing transacional de autoatendimento na web para os usuários finais. A diferença é quando o interessado clica em um link. Em vez de ir para um sistema de resposta automático, o clique alerta um vendedor real, que entra em contato com o usuário final via e-mail, bate-papo ou chamada de voz. Com base no nível de interesse do prospecto, isso pode levar a uma indicação de um site, o download da literatura relevante, um convite para um webinar ou um demo ao vivo da oferta na web. Conforme os interessados demonstram cada vez mais envolvimento, o sistema rastreia o status e alerta os vendedores quanto ao próximo passo no ciclo de vendas. O processo inteiro, desde o interesse até o fechamento, é realizado na web.

Assim que o interessado se torna um cliente, a responsabilidade muda da equipe de vendas para a de entrega. No novo mundo do SaaS, os revendedores são muito mais incentivados a cumprir suas promessas porque os clientes estão a um clique de cancelar suas assinaturas. Essa dinâmica é bem descrita no livro *Consumption Economics*, de Todd Hewlin, um colega de longa data, e J. B. Wood, um velho amigo. Essa economia leva os revendedores a meios cada vez mais eficientes de fornecer suporte digital, diretamente ou pela comunidade. E, para as situações em que é necessária uma presença física, as empresas de Vendas 2.0 recrutam parceiros para lidar com as necessidades de suporte local.

As empresas que tiveram sucesso com esse modelo incluem a Intacct, uma revendedora de software de contabilidade; a IntApp, uma revendedora de aplicativos de software jurídico; a Rackspace, uma revendedora de computação na nuvem; e a Box, uma revendedora de software colaborativo.

Distribuição Tradicional em Duas Camadas e o Engenheiro de Projetos

Os engenheiros de projetos lidam com clientes e interessados muito exigentes. Eles não gostam de comunicações de marketing nem de vendedores, mas precisam dos serviços de ambos se querem ficar a par das tecnologias dos componentes mais recentes que podem querer para planejar o próximo produto. E mais, do ponto de vista do revendedor, apesar das grandes exigências, eles realmente não têm nenhuma autoridade para comprar um volume de produtos; pelo contrário, são um tomador de decisão inicial crítico quanto ao fato de o revendedor ser convidado para a rodada de compras. Portanto, muito trabalho, nenhum dinheiro; qual é a vantagem?

Bem, do ponto de vista do marketing, a boa notícia é que a web é um meio incrível de se comunicar com essas pessoas. Elas podem escolher ser engajadas ou não e podem ter uma visão concreta sobre praticamente qualquer problema que pesquisam. Mas, cedo ou tarde, elas precisam ver amostras e quase sempre isso é bastante complexo a ponto de precisar de uma presença de vendas real no local. É isso que coloca em cena a "segunda" camada de contato com o cliente nesse tipo de distribuição, em geral os representantes dos fabricantes independentes. Porém, esse canal não tem capital para manter o estoque, que por sua vez é apoiado por uma organização voltada para o revendedor na primeira camada, em geral chamada de distribuidor.

Assim que o designer escolhe certo componente, isso inicia o que os revendedores do componente chamam de *vitória do design*. É um convite para negociar com o departamento de compras da empresa para definir preço, termos e condições para futuras compras, cujo volume dependerá do sucesso ou do fracasso do novo produto no mercado. O suporte nessa fase do relacionamento se transfere diretamente para o componente revendedor, que costuma colocar em campo engenheiros especializados para colaborar na depuração dos designs de última geração do cliente.

Esse modelo de vendas e marketing é possivelmente o mais antigo no setor de alta tecnologia. Ancorado por distribuidores como Avnet, Arrow Electronics e Tech Data, é o canal escolhido para empresas como Intel, Broadcom e NVIDIA, que fabricam componentes de silício para dispositivos inteligentes.

Revendedores de Valor Agregado e Dono de um Pequeno Negócio

Os proprietários de pequenos negócios são realmente apenas consumidores disfarçados. O desafio deles é que as necessidades do negócio não se ajustam bem aos moldes do consumidor, portanto ficam vagando em lojas como Fry's e Office Depot tentando descobrir o que comprar e como trabalhar. Eles sabem que precisam de ajuda, mas não têm grandes orçamentos, então estão sempre buscando um meio de fazer as coisas de modo barato.

Seus aliados naturais nessa busca são os revendedores locais de valor agregado, muitas vezes empresários solitários que administram negócios com poucas despesas gerais, sempre famintos por novos clientes. Em geral, tais VARs (revenda com valor agregado) são os próprios apaixonados por tecnologia, mais felizes quando podem compartilhar sua experiência com outras pessoas e ainda receber por isso. Por outro lado, normalmente eles não são bons no marketing e nas vendas. É onde entram os revendedores de produtos.

Os revendedores que visam o cliente com um negócio realmente pequeno devem assumir toda a responsabilidade pelo marketing, de grande parte das vendas e quase nada do suporte pós-vendas — esse último é a função do VAR. O marketing consiste em programas clássicos da web, com a tática adicional de que o fluxo principal pode ser compartilhado diretamente com os VARs, caso tenha uma capacidade ativa para entrar no mercado. O cliente pequeno não pode aproveitar a experiência das Vendas 2.0 porque não tem expertise para participar dela com conhecimento de causa. Pelo contrário, ele procura um agente para intermediar o mundo da tecnologia, um conselheiro de confiança, e esse é o papel do VAR. E como os VARs ganham a maior parte de sua receita com serviços pós-vendas, eles ficam ansiosos para ganhar e manter essa confiança.

As empresas que tiveram sucesso com esse modelo incluem a Infusionsoft, uma provedora SaaS de CRM para pequenos negócios; a Bill.com, uma empresa de pagamentos online; e a Intuit, com as duas últimas usando CPAs (centrais telefônicas) como sua fonte primária de VAR.

Resumindo, existem cinco canais de distribuição distintos visando o cliente e atendendo a alta tecnologia, cada um alinhado com um tipo diferente de cliente-alvo, com uma visão diferente para seu motivo convincente para comprar. Os empreendedores que atravessam o abismo precisam escolher o canal mais adequado à sua estratégia de mercado-alvo. Esse será seu canal básico. Conforme a empresa tem sucesso no outro lado do abismo, é provável que ela expandirá essa cobertura do canal para adquirir outros segmentos, mas por um bom tempo no futuro seu canal básico não mudará. Assim, é importante que o ajuste do canal/estratégia seja bom e não haja vergonha ao trocar de canal se a primeira escolha não der os frutos adequados.

Preço para a Distribuição

Chegar a um consenso com relação ao preço é uma das decisões mais difíceis para os grupos de gestão. O problema é que existem muitas perspectivas competindo pela influência do controle. Nesta seção, veremos algumas dessas perspectivas e mostraremos algumas diretrizes racionais para o preço durante o período do abismo.

Preço para o Cliente

A primeira perspectiva para definir o preço é a dos clientes e, como mencionamos na seção sobre como descobrir o abismo, isso varia muito quanto à sua psicografia. Os visionários, ou seja, os clientes que dominam o desenvolvimento do mercado inicial, são relativamente insensíveis ao preço. Buscando um avanço estratégico, com grande retorno no investimento, eles estão convencidos de que qualquer custo imediato é insignificante em comparação ao resultado final. Na verdade, eles querem ter certeza de que existe um *dinheiro extra* no preço, porque sabem que precisarão de um serviço especial e querem que seus revendedores tenham fundos para fornecer isso. Existe ainda certo prestígio em comprar uma alternativa com alto preço. Tudo isso é *preço baseado no valor* apenas. Por causa do alto valor colocado no resultado final, o preço do produto tem uma grande abrangência sob a qual pode se desenvolver.

Na outra extremidade do mercado estão os conservadores. Eles querem um preço baixo. Esperaram muito antes de comprar o produto, tempo suficiente para concluir a institucionalização do produto completo e o bastante para os preços caírem para uma pequena margem acima do custo. Essa é a recompensa deles por comprar muito depois. Eles não querem uma vantagem competitiva, mas manter os custos baixos. Esse é o *preço baseado no custo*, algo que surgirá finalmente em qualquer mercado tradicional, assim que todos os elementos que justificam a margem se esgotarem.

Entre esses dois estão os pragmáticos, nossos clientes-alvo para o esforço de travessia do abismo. Eles, como dissemos várias vezes, querem apoiar o líder do mercado. Aprenderam que fazendo isso conseguem manter baixos os custos do produto completo (custos não só da compra, mas da propriedade também) e ainda conseguem uma alavancagem competitiva com o investimento. Esperam pagar um preço especial para o líder de mercado em relação à concorrência, talvez até 30%. Esse é o *preço baseado na concorrência*. Mesmo que os líderes de mercado consigam um preço especial, o preço permitido ainda é em função da comparação com outros participantes do mercado. E, se não forem o líder do mercado, terão que aplicar a regra inversa e dar um desconto proporcional.

Assim, da perspectiva do cliente, como demonstramos no capítulo anterior, o principal problema é a liderança do mercado versus um cenário de concorrência viável, capturado pela comparação com seus dois concorrentes de referência. E a principal estratégia de preço é uma margem especial acima da norma definida por essas comparações, ou seja, é preciso conseguir um preço especial acima das alternativas do mercado porque você tem uma tecnologia de última geração e um preço especial acima do produto alternativo porque investiu para coordenar um produto completo específico do segmento.

Preço para o Revendedor

O preço para o revendedor é estimado em função de problemas internos, começando com o custo dos produtos e se estendendo até o custo das vendas, das despesas gerais e do capital, a taxa prometida de retorno com risco ajustado e quaisquer outros fatores, que são essenciais para conseguir administrar uma empresa com lucro de forma contínua. Mas nenhum tem um significado imediato no mercado. Eles têm significância apenas quando impactam outros problemas visíveis.

Por exemplo, normalmente o preço para o revendedor define a decisão do canal de distribuição estabelecendo um preço estimado que coloca o produto nas vendas diretas, autoatendimento da web ou base de Vendas 2.0. E mais: assim que o produto entra no mercado, os fatores relacionados ao revendedor podem ter um grande impacto se, por exemplo, eles permitem uma vantagem de preço com baixo custo em um mercado tradicional tardio ou se permitem margens operacionais que podem financiar uma nova P&D para o próximo mercado inicial.

O maior impacto no preço para o revendedor está no número de transações necessárias para criar certa receita anual. Suponha que o alvo fosse US$10 milhões, que, se veio de um único segmento inicial, é um fluxo de receita razoável para sugerir uma travessia do abismo bem-sucedida. Em um modelo OEM atendido por uma distribuição em duas camadas, isso poderia ser resultado de apenas uma ou duas grandes vitórias do design. Em um modelo de vendas diretas, provavelmente é mais como vinte a quarenta transações, com metade vindo talvez das cinco principais. Em um modelo de Vendas 2.0, é possível que você multiplique isso por dez; digamos duzentas a quatrocentas transações. Em um modelo VAR que busca pequenos negócios, multiplique por outros dez e, no modelo com alto volume de consumidores, por mais dez; digamos 20 mil a 40 mil transações, com uma média em torno de US$25/mês.

Como se pode ver, cada um desses pontos de preço cria uma perspectiva de gerenciamento diferente no funil de vendas, de cima a baixo, de duvidoso a possível cliente, liderança qualificada até o cliente exclusivo. Quanto maior o volume e mais transacional o processo, mais você depende de preencher a parte de cima do funil. Quanto mais alto o preço e mais orientado a relacionamentos, mais você foca a parte inferior. E sim, com as Vendas 2.0, a tendência é focar mais o meio do funil, onde a eficiência do processo tem seus maiores impactos.

Dito isso, o preço para o revendedor representa a menor base para as decisões de preços durante o período do abismo. É um momento em que devemos focar quase exclusivamente o externo, as novas demandas do cliente tradicional e o novo relacionamento que temos que criar com um canal tradicional. Na verdade, por causa da importância básica de assegurar meios contínuos de acessar o mercado tradicional, esse último ponto deve ser o principal fator para as decisões de preço durante esse período.

Preço para a Distribuição

De uma perspectiva da distribuição, há dois problemas de preço que têm um grande impacto na motivação do canal:

- O preço é para venda?
- Vale a pena vender?

Ter um preço de venda significa que ele não se tornará um problema maior durante o ciclo de vendas. As empresas que atravessam o abismo, bem-sucedidas no mercado inicial com clientes visionários, em geral têm produtos com preço muito alto. O preço se torna um problema com o cliente pragmático, mas quando o canal realimenta a resistência do interessado e usa produtos comparáveis como evidência do preço esperado, muitas vezes as empresas argumentam que não têm concorrência e que o canal não sabe como vender corretamente o produto.

Contudo, os produtos também podem ter um preço muito baixo para atravessar o abismo. O problema aqui é que o preço não incorpora uma margem suficiente para recompensar o canal pelo esforço extra necessário para introduzir uma inovação disruptiva em sua relação já estabelecida com um cliente tradicional. Se o canal sair dos trilhos para adotar algo novo, a recompensa terá que ser muito mais atraente do que qualquer coisa disponível no negócio habitual.

Se reunirmos todas essas perspectivas e as virmos em um contexto de travessia do abismo, o objetivo fundamental do preço deve ser o seguinte: defini-lo no ponto de preço do líder de mercado, reforçando assim suas afirmações para a liderança do mercado (ou, pelo menos, não reduzir o preço) e criar uma recompensa excessivamente alta para o canal na margem de preço, uma recompensa que será interrompida conforme o produto se estabelecer no mercado tradicional e a concorrência pelo direito de distribuição aumentar.

Resumo: Comece a Invasão

Resumindo, a última etapa na estratégia do Dia D para atravessar o abismo é começar a invasão, ou seja, colocar um preço no produto e colocá-lo em um canal de vendas. Nenhuma dessas ações se resolve de imediato em uma checklist de atividades, mas existem quatro princípios-chave para nos guiar:

1. O principal objetivo é assegurar o acesso a um canal de distribuição para o cliente. É o canal no qual você prevê que os clientes pragmáticos tradicionais esperariam e desejariam comprar seu produto.

2. O tipo de canal escolhido para um atendimento de longo prazo do mercado em função do ponto de preço do produto. Mas, se não forem vendas diretas, durante o período de transição da travessia do abismo você precisará adotar um canal complementar ou mesmo alternativo, visando a criação de demanda, para estimular uma aceitação inicial no mercado tradicional.

3. O preço no mercado tradicional passa a mensagem que pode facilitar ou dificultar a venda de seu produto. Como a única

mensagem aceitável é da liderança de mercado, seu preço precisa comunicar isso, sendo uma função do preço dos produtos comparados no cenário competitivo identificado.

4. Por fim, você deve lembrar que as margens são a recompensa do canal. Uma vez que atravessar o abismo coloca uma pressão extra no canal e você está tentando aproveitar a imparcialidade que o canal tem em suas relações existentes com os clientes pragmáticos, deve pagar uma margem extra ao canal durante o período do abismo.

Essa lista dos princípios não só conclui este capítulo como também fecha os Capítulos 3 ao 7 sobre a estratégia de marketing para atravessar o abismo. O objetivo foi mostrar uma estrutura das ideias de marketing para ajudar as empresas a enfrentar os desafios do período do abismo. A estratégia do Dia D, inteira, procura enfatizar o grande perigo e a oportunidade que estão diante de uma empresa nessa situação. O maior impedimento para a ação nesses casos muitas vezes é a falta de compreensão das devidas alternativas. Por sorte, esses capítulos chegaram ao fim quanto à remoção desse impedimento.

Finalmente, existem questões maiores que entram em cena. Para o caso de o abismo ser um grande desafio, e é, ele é autoimposto em grande parte. Simplificando, nosso setor torna o abismo pior do que precisa ser. Até entendermos como fazer isso e pararmos com essa atitude, nunca realmente o dominaremos.

Com isso em mente, vamos à conclusão, "Deixando o Abismo para Trás".

Conclusão:

Deixando o Abismo para Trás

Faz tempo que está na moda falar sobre como as empresas de alta tecnologia podem e devem se tornar organizações voltadas para o mercado. Minha visão é que elas não *se tornam* nada. Todas *são* voltadas para o mercado, reconhecendo ou não. O fenômeno do abismo, ou seja, a rápida aceleração no desenvolvimento do mercado seguida por uma calmaria radical que ocorre sempre que uma inovação descontínua aparece, orienta todas as empresas emergentes de alta tecnologia a um ponto de crise no qual elas devem deixar a relativa segurança de seu mercado inicial estabelecido e sair em busca de um novo espaço no mercado tradicional. Essas forças são inevitáveis e *orientarão* a empresa. A principal questão é se a gerência pode se dar conta das mudanças a tempo de aproveitar as oportunidades que tal consciência confere.

Até hoje, tratamos o abismo como um problema de desenvolvimento do mercado e focamos exclusivamente as estratégias de marketing e táticas para atravessá-lo. Mas o impacto do abismo se estende para além da organização de marketing, atingindo cada aspecto da empresa de alta tecnologia. Neste capítulo final, daremos um passo para trás na visão do marketing e veremos três outras áreas críticas de mudança: finanças, desenvolvimento organizacional e P&D. Nosso objetivo é orientar os comportamentos que fazem a empresa avançar para o mercado tradicional e não a permitem cair no abismo, como acontece tantas vezes.

A lição fundamental deste capítulo é simples: *a empresa pós-abismo fica limitada pelos compromissos assumidos pela empresa pré-abismo.* Tais compromissos do pré-abismo, feitos às pressas durante a afobação de tentar ter uma posição em um mercado inicial, muitas vezes simplesmente não são mantidos na nova situação, ou seja, um nível de desempenho ou recompensa é prometido que, se entregue, destruiria a empresa. Isso significa que uma das primeiras tarefas da era do pós-abismo pode ser conseguir um meio de sair das contradições impostas pelos acordos do pré-abismo. Por sua vez, isso pode envolver uma desvalorização maior dos ativos da empresa, rebaixar pessoas inadequadas às responsabilidades necessárias a seus cargos e fazer mudanças marcantes na autoridade quanto ao futuro do produto e da tecnologia, tudo possivelmente terminando em amargas decepções e profundo ressentimento. Resumindo, pode ser um período muito desagradável.

A primeira e melhor solução para esses problemas é evitá-los, isto é, *evitar assumir o tipo errado de compromisso durante o período do pré-abismo.* Pensando no futuro, enquanto ainda estamos na fase do mercado inicial, para onde devemos seguir para sobreviver à crise do abismo, podemos nos vacinar contra tomadas de decisão paralisantes que sentenciam muitas empresas promissoras de alta tecnologia.

Reconheço que é muito mais difícil do que parece. Lembro de muitas vezes, quando adolescente, receber sábios conselhos de que estava fazendo escolhas muito ruins porque estava "passando por uma fase". Eu odiava esse conselho. Primeiro, fazia com que me sentisse um pouco inadequado e bem inferior à pessoa que me aconselhava. E segundo, mesmo que eu suspeitasse ser verdade, era uma informação totalmente inútil. Eu podia estar passando por uma fase, mas, como estava na fase e condenado a agir de algum modo incompetente, de que servia esse conhecimento? Como poderia deixar de ser eu mesmo?

Mas é exatamente isso que a empresa de alta tecnologia deve fazer para deixar para trás o abismo. Deve parar de "ser ela mesma", no sentido de que deve aceitar que está passando por uma fase e agir com competência usando esse conhecimento.

Para tanto, há um processo de mudança que deve ocorrer, uma mudança da própria empresa, em que deixamos de comemorar os sentimentos familiares e desempenhos individuais intensos para passarmos a recompensar uma dinâmica de grupo previsível e coordenada. Não é hora de parar a inovação nem de sacrificar a criatividade. Mas há um chamado para redirecionar essa energia para as preocupações do sistema de valor do pragmático, em vez do sistema do visionário. Não é hora de abrir mão das amizades nem de implementar um regime de gestão autoritário. Na verdade, o estilo de gerência é uma das poucas coisas que podem continuar constantes durante o período de transição. Mas existe um chamado para rever e reavaliar habilidades, instintos e talentos que ajudaram a criar uma posição vitoriosa no mercado inicial em função do desafio iminente de criar tal posição no mercado tradicional. E esse chamado pode e testará as amizades e os egos na empresa.

Os princípios e as práticas para uma gestão bem-sucedida pós-abismo das questões financeiras, organizacionais e de desenvolvimento de produtos são muito diferentes das suas equivalentes do pré-abismo, e nem todos se adaptam ou são receptivos às mudanças necessárias para operar na nova ordem. A boa notícia é que, em qualquer caso, sempre haverá muitos trabalhos, ou seja, embora empresas individuais de alta tecnologia tenham mostrado um histórico muito instável nos últimos dez anos, a soma total da receita e da contratação do setor inteiro aumentou radicalmente. Todos nós lembramos disso durante a reestruturação do abismo.

Especificamente, nossa meta é estabelecer um novo conjunto de normas comportamentais, não converter indivíduos em um novo estilo de comportamento. Nosso trabalho é fornecer uma estrutura para ajudar as pessoas a entenderem por si só onde se enquadrarão melhor, então permitir que tomem a devida ação. Algumas transições podem ser forçadas (realmente não há tempo para protelar), mas, mesmo assim, pode-se esperar redirecionar talentos para um espaço mais natural em si.

Com isso em mente, vejamos o primeiro conjunto de decisões mais influente que as empresas pós-abismo herdam de si mesmas no pré-abismo: as financeiras.

Decisões Financeiras: Quebrando o Taco de Hóquei

A finalidade da empresa pós-abismo é *ganhar dinheiro*. É uma afirmação muito mais radical do que parece.

Para começar, precisamos reconhecer que *não* é a finalidade da organização pré-abismo. Ao desenvolver um mercado inicial, o retorno no investimento fundamental é a *redução do risco do investidor*, realizada por meio da conversão de uma combinação de tecnologia, serviços e ideias em uma oferta implementada replicável e a demonstração de que existem casos de uso do cliente que criam demanda pela oferta. As receitas do mercado inicial são uma medida dessa demanda, mas em geral não são uma fonte de lucro, nem se espera que sejam. Como resultado, a organização do mercado inicial não precisa adotar a disciplina da rentabilidade.

Nem a organização pré-abismo se motiva por tal rentabilidade ou, em geral, nenhum outro objetivo financeiro. Ah, com certeza há sonhos de ficar rico que aparecem aqui e acolá em conversas fiadas. Mas há recompensas muito mais emocionantes à mão: a liberdade de ser seu próprio patrão e traçar seu próprio caminho, a chance de explorar a vanguarda de uma nova tecnologia, a oportunidade de abertura profissional para assumir mais responsabilidade do que qualquer organização existente conseguiria dar. São objetivos que realmente levam as organizações do mercado inicial a trabalharem longas horas por pequenas recompensas, o sonho de ficar rico com capital próprio é só uma desculpa, algo a oferecer à sua família e amigos como um motivo para todo esse comportamento insano.

Portanto, os empreendedores do mercado inicial não são conhecidos por focarem o dinheiro, nem por visarem ganhar dinheiro. Isso tem uma enorme importância, pois grande parte da teoria do gerenciamento pressupõe a existência do lucro como motivo, servindo como uma verificação corretiva em relação a táticas sedutoras. Quando não existe tal motivo, as pessoas assumem compromissos financeiros com consequências que elas não preveem ou não se importam em prever. Embora aconteça de formas muito variadas, talvez a mais predominante seja a *previsão do crescimento da receita em forma de taco de hóquei.*

Os empreendedores podem ser muitas coisas quanto a problemas financeiros, mas normalmente não demoram para entender. Se os investidores de risco são os que têm dinheiro e uma previsão em forma de taco de hóquei é uma das regras que seguem para conseguirem esse dinheiro, então, com certeza, seguirão essas regras. Assim, os empreendedores levantam capital usando gráficos em "forma de taco de hóquei" da obtenção de receita, ou seja, apresentam um plano de negócios que não mostra nenhum desenvolvimento de receita por um período de tempo, desde que possam adiar, depois do qual há uma curva fechada, rápida e contínua, que qualquer pessoa sensata chamaria de crescimento milagroso da receita desse ponto em diante. Quanto à forma, é tão precisa e convencional quanto um soneto de amor, assim como é provável que colocará alguém em apuros.

As curvas em forma de taco de hóquei são criadas por planilhas, uma ferramenta de software que muitos argumentam ter orientado algumas das piores decisões de investimento nas duas últimas décadas. É muito fácil aumentar um número da receita com porcentagem e deixar o software assumir a partir daí. Mas, na teoria, a linha da receita se aproxima de um perfil real de como a empresa poderia se capitalizar com uma oportunidade de marketing em desenvolvimento. Assim, serviria como a "linha mestre" na planilha, aquela que todos devem considerar. É como funcionam as operações lucrativas.

Na verdade, a linha da receita é uma escrava não apenas de um, mas de dois mestres. Na parte inicial, é escrava da curva de custos do empreendedor e, no final, das expectativas do taco de hóquei do investidor de risco. Os números da receita, nessa metodologia, são... bem, qualquer coisa que precisam ser. Assim que a soma é identificada, então os relatórios do analista de mercado são percorridos procurando citações apropriadas, e qualquer outra fonte de evidência ou credibilidade é registrada para justificar o que é uma projeção fundamentalmente arbitrária e injustificável de crescimento da receita.

Agora, se o modelo atual de desenvolvimento do mercado de alta tecnologia não teve falhas, isso pode funcionar ou, pelo menos, funcionar melhor ou com mais frequência. Mas, de fato, o desenvolvimento da receita que ocorre lembra mais uma *escada* que um taco de hóquei, isto é, há um período inicial de rápido crescimento da receita, representando o desenvolvimento do mercado inicial; seguido por um período de crescimento lento ou inexistente (o período do abismo); seguido de uma segunda fase de crescimento rápido, representando o retorno no desenvolvimento do mercado tradicional inicial de alguém. Essa escada pode continuar indefinidamente, com períodos planos representando um crescimento mais lento devido à transição para segmentos adjacentes do mercado tradicional e subidas rápidas mostrando a capacidade de capitalizar nesses esforços. Conforme mais segmentos são atendidos, cedo ou tarde as subidas e as descidas começam a se cancelar e é possível conseguir resultados menos irregulares que a Bolsa de Valores prefere (na verdade, apenas as empresas mais bem-sucedidas atingiram tal estado; a maioria continua a flutuar mais drasticamente que a comunidade financeira pode entender, resultando em ações adotando um ritmo vicioso como rotina na menor indicação de más notícias).

Tudo isso é muito bonito. O modelo de escada é perfeitamente viável, a menos que você tenha hipotecado sua parte na empresa ao fazer o cenário do taco de hóquei virar realidade. Infelizmente é com isso mesmo que a maioria dos planos de financiamento de alta tecnologia se compromete. E quando tal cenário não se concretiza e a hipoteca vence, o patrimônio do fundador fica muito diluído, as coisas desmoronam e a empresa morre no abismo. Esse é o curso traçado na parábola da alta tecnologia no Capítulo 1 deste livro.

Agora, a comunidade de risco tem consciência do problema. Os cínicos na alta tecnologia acreditam que contam com isso, e é assim que os "capitalistas abutre" se apoderam da empresa de um empreendedor desprevenido. Mas a verdade é que tal estratégia é uma proposta em que todos perdem e a maioria dos investidores sabe disso. Eles podem chamá-la de "vale da morte", não de abismo, mas sabem que existe. Tudo que precisam fazer é ver seus próprios portfólios.

Agora a pergunta é: se temos o modelo do abismo para trabalhar, o que podemos fazer de diferente? Essa pergunta tem duas partes: uma direcionada para as comunidades financeiras que fornecem as fontes de capital e outra para os executivos de alta tecnologia que fornecem as fontes de gerenciamento. Para os primeiros, o principal problema é saber como reformular seus conceitos de avaliação e taxa de retorno esperada; e para os últimos, é quando gastar o capital e adotar a disciplina da lucratividade. Vejamos ambos com mais atenção.

O Papel da Comunidade de Financiamento de Risco

Todo investimento é uma aposta no desempenho em oposição à concorrência dentro de certo tempo. O que o modelo do abismo mostra é uma necessidade de repensar essas variáveis. Do ponto de vista do investimento, a pergunta mais urgente no início é: qual a largura do abismo? Ou, em termos de investimento: quanto tempo levará antes que eu possa conseguir um ROI (retorno no investimento) previsível em um mercado tradicional grande e aceitável?

A resposta simples é o tempo necessário para criar e instalar um produto completo sustentável. O modelo do abismo afirma que nenhum mercado tradicional pode ocorrer até que o produto completo exista. Acredito que uma conclusão razoável seja que, assim que o produto completo existir (seja institucionalizado), o mercado se desenvolverá com rapidez — em geral, mas não necessariamente, em torno da empresa que orientou e conduziu o esforço de tal produto.

Podemos prever quanto tempo levará? Acho que sim. Analisando o cliente-alvo e o motivo convincente para comprar, então examinando todos os componentes do produto completo, podemos reduzir o processo a um conjunto gerenciável de fatores de desempenho, cada um podendo ser projetado no futuro, com um ponto de convergência estimado. Não é ciência, nem magia: em essência, é só outro tipo de plano de negócios.

Supondo que esse plano tem credibilidade, um monte de outras perguntas seguem imediatamente. Qual o tamanho do mercado? De novo, a resposta simples é: o tamanho que pode ser motivado pelo caso de uso do mercado-alvo (o motivo convincente para comprar) e atendido pelo produto completo; ou seja, ocorrem limites no mercado no ponto de falha da proposta de valor ou do produto completo. Por outro lado, outros fatores de criação do mercado (alianças, concorrência, posicionamento, distribuição e preço) não impactam o tamanho dele, mas a taxa de penetração. Dados os incentivos gratuitos na economia do mercado, cedo ou tarde soluções eficientes nessas áreas se encaixarão, caso o mercado realmente exista.

Se todas as afirmações anteriores forem verdadeiras, e, com certeza, é algo que justifica mais investigação em qualquer caso específico, então os principais fatores da decisão de investimento estarão relativamente abertos a todos e a decisão em si poderá ser tomada sem precisar levar em conta as entranhas da vítima. Estimativas do tamanho do mercado, taxa de penetração, custo para conseguir a liderança do mercado e fatia de mercado antecipada podem ser feitas às claras, sem disfarces. Ainda haverá muito espaço para desacordo sobre a probabilidade de sucesso e o grau de risco, mas não deve haver nenhum salto no escuro necessário e fundamental.

Portanto, a chamada para ação na comunidade de investimento é: faça as empresas cliente incorporarem a travessia do abismo nos planos de negócios. É uma exigência ver não só as caracterizações amplas do mercado de longo prazo, mas também clientes-alvo específicos para o ataque do Dia D. Conduza-os para refinar suas propostas de valor até que sejam realmente convincentes, então use isso para testar quantos clientes-alvo de fato existem. Force-os a definir o produto completo, então ajude-os a desenvolver relações com parceiros e aliados certos. Novamente, use os resultados para testar hipóteses sobre o tamanho do mercado. Quanto aos cenários competitivos e o posicionamento, tome cuidado para pressionar os pequenos peixes bem no início para os grandes lagos. E, para a distribuição e o preço, não procure "margens padrão" até que o abismo realmente tenha sido atravessado. Resumindo, use a matriz de ideias para a travessia do abismo e assegure o devido gerenciamento dos ativos financeiros.

O Papel da Comunidade de Gestão de Risco

Agora vejamos a principal preocupação do empreendedor: por quanto tempo devo viver à custa do capital de risco e quando devo adotar a disciplina do fluxo de caixa com ponto de equilíbrio? Os limites dessa decisão são os seguintes. Até que um fluxo de caixa equilibrado seja conquistado, nada está seguro e seu destino não está sob controle. Isso preconiza uma adoção inicial do caminho de rentabilidade. Na verdade, nos mercados de desenvolvimento lento com baixas exigências de capitalização, existe uma situação muito clara para adotar a lucratividade desde o primeiro dia. Os clientes visionários iniciais pagarão por taxas de consultoria e farão um pagamento antecipado pelos royalties para ajudarem a financiar as startups com pouca capitalização. Do ponto de vista da contabilidade, esses royalties pré-pagos não podem ser registrados imediatamente como receita, mas podem fazer você ter um fluxo de caixa positivo desde o início e, assim, mantêm 100% do capital próprio reservado para o futuro.

A grande vantagem de adotar a disciplina da lucratividade no início é que você não precisa aprender isso mais tarde. Por muitas vezes, mesmo quando administradas por gerentes experientes, as empresas que são financiadas com capital de risco por longos períodos de tempo se enquadram na "mentalidade do estado assistencial", perdendo a noção de urgência e esperando que seu próximo pagamento venha de outra rodada de financiamento, não do mercado.

E mais, a disciplina da lucratividade ensina a "dizer não" cedo e com frequência. Para a maioria das ideias, simplesmente não há dinheiro para financiá-las. A empresa é forçada a manter o foco com intensidade por causa dos limites de recursos. Isso reduz radicalmente o tempo de entrada no mercado porque as pessoas não estão concentradas em fazer outra coisa e porque entendem que é o mercado que paga seus salários. Por fim, quando alguém passa a buscar capital externo, não há nenhuma evidência maior de uma alta valorização da empresa em comparação a já ter demonstrado não apenas uma demanda real, mas sua própria capacidade de processá-la com lucro.

Sem dúvidas, o argumento de buscar lucratividade desde o início é tão forte que você começa a imaginar por que não deveria escolher essa rota. Basicamente, há dois motivos. Primeiro, o preço do desenvolvimento da categoria e da entrada no mercado muitas vezes é alto demais para financiar com capacidade intelectual ou contratos de consultoria. É esse o caso em qualquer operação que requer muita produção. Mas hoje, com o movimento de produção terceirizada — quando empresas como a Cisco lançam até 45% de seus produtos *sem nem tocar neles*, quando empresas de semicondutores de manufatura integrada sem fábrica usam fundições para todos os seus produtos e quando existe até coisas como uma empresa de semicondutores sem chips, a Rambus, que apenas licencia uma arquitetura patenteada de interface de memória —, é mais uma questão de montar uma equipe e ter uma engenharia do que ter uma linha de produtos e reforçar o estoque. Mesmo assim, sempre há custos reais associados a um modelo comercial de produto físico e é inevitável que excedam um orçamento pré-pago, portanto, muito financiamento de risco é voltado para dar suporte só para esse tipo de empresa.

O outro motivo para abrir mão da lucratividade inicial é quando se espera que a categoria se desenvolva tão rapidamente que não é possível conseguir crescer de forma natural como um figurante. A explosão da internet criou uma mentalidade de expropriação até então desconhecida e todos correram para derrotar os concorrentes e conseguir uma fatia do mercado. Capturar a posição número um do Google em pesquisa, o sucesso da Amazon no varejo (e mais recentemente nos serviços da web) e o sucesso do Facebook nas redes sociais, tudo isso se traduz em aumentos repentinos na capitalização do mercado que deixaram os concorrentes aparentemente para trás, de modo permanente. Nesse tipo de jogo, a corrida de fato é para o mais rápido e o segundo prêmio está muito longe do primeiro, portanto, gastar no início e em grande quantidade é visto como o segredo do sucesso.

Além disso, existe um terceiro princípio mais geral que pode ajudar os empreendedores a refletirem sobre sua gestão de capital para as finalidades de marketing. Nesse domínio, normalmente é preciso ter mais capital para atravessar o abismo do que é necessário para desenvolver o mercado inicial. Em geral, os esforços de desenvolvimento do mercado inicial não respondem bem às injeções em massa do capital. Nos anos 1980, vimos isso com o PCJr. e Prodigy da IBM; nos anos 1990, os computadores com caneta e vídeo doméstico; na última década, com chips RFID para gerenciar estoques e redes inteligentes para a distribuição de energia elétrica. Você simplesmente não pode gastar seu dinheiro procurando o caminho para os corações e as mentes dos apaixonados por tecnologia e dos visionários.

Com certeza há um nível mínimo necessário de capitalização. Você precisa viajar para fazer vendas diretas e estar apresentável, e provavelmente deve ter um escritório e telefone que é atendido profissionalmente. Precisa investir nas relações públicas do mercado inicial, ou seja, o lançamento do produto é essencial para ter sucesso no mercado inicial, mas não precisa anunciar nem investir no desenvolvimento de parcerias ou relações do canal. Tudo isso é prematuro até ter sido estabelecida alguma credibilidade do mercado inicial por conta própria.

Mas assim que a liderança do mercado é estabelecida, a equação inteira muda. O investimento do produto completo (assegurar parcerias e alianças, depois fazer com que trabalhem para entregar os produtos finais) requer muitas iniciativas financiadas, tal como o processo de desenvolvimento do canal, com procura e oferta, criando demanda e dando incentivo para as vendas. E durante esse período é fundamental ter um programa eficiente de comunicação de marketing, inclusive relações com a imprensa, relações de mercado e publicidade.

Resumindo, é quando queremos gastar dinheiro para o desenvolvimento do mercado, não antes. Então é importante não iniciar esse processo até depois de ter estabelecido a liderança do mercado inicial e não se comprometer em jogar fora todo tipo de dinheiro durante o período do abismo. Simplesmente aplicar esses dois conceitos no plano de negócios pode evitar muitos problemas.

Decisões Organizacionais:
Dos Pioneiros aos Colonizadores

Passando dos problemas financeiros para os problemas com pessoas, temos que reconhecer que o abismo separa por natureza os visionários dos pragmáticos, não apenas entre os clientes das ofertas de tecnologia, mas também entre as empresas que os atendem. Deixar para trás o abismo, atravessá-lo e não voltar para ele envolve uma transformação na empresa que poucas pessoas conseguem fazer. *É deixar de ser pioneiro para se tornar colonizador.*

Na organização em desenvolvimento, os pioneiros são aqueles que forçam os limites da aplicação da tecnologia. Eles não institucionalizam, não gostam de criar uma infraestrutura, nem gostam de documentar. Eles querem ter grandes feitos e, quando não há mais nenhum a fazer, querem seguir em frente. Sua genialidade alimenta o mercado inicial e, sem eles, não haveria a alta tecnologia.

Todavia, assim que você atravessa o abismo, essas pessoas podem se tornar um problema em potencial. Seu interesse fundamental é inovar, não administrar. Coisas como padrões da indústria, interfaces comuns e adaptações nas soluções existentes, sobretudo quando tais soluções têm uma clara inferioridade técnica, são estranhas e repugnantes para os pioneiros da alta tecnologia. Portanto, conforme a infraestrutura do mercado começa a se fechar em torno deles, eles já procuram uma área menos povoada. Enquanto isso, é possível que eles não cooperem com os compromissos necessários e podem ser altamente disruptivos para os grupos que buscam cumprir esse plano. Mas é essencial que, conforme a empresa muda do mundo centrado em produtos do mercado inicial para produtos do mercado tradicional, os tecnólogos pioneiros sejam transferidos para outro lugar, isto é, para outro projeto mais futurista na empresa ou, se isso não for uma opção, para outra empresa onde seus talentos possam ser mais bem utilizados.

Existe um processo parecido em andamento na equipe de vendas ao mesmo tempo. Nela, o grupo na linha de frente são os pioneiros de vendas da alta tecnologia. São pessoas com o dom de vender para os visionários, pessoas que conseguem entender a tecnologia e o produto no nível em que podem manipulá-lo com facilidade e adaptá-lo aos sonhos dos visionários. Elas podem falar a língua dos visionários, entender o grande salto à frente que os visionários buscam dar e colocar seus produtos nessa embalagem. Elas podem traduzir essa linguagem para manifestações concretas do produto, para ser ilustrado com demonstrações personalizadas, para as quais criam demandas insaciáveis. Elas podem pensar grande e fazer grandes pedidos. São os queridinhos do mercado inicial. Sem essas pessoas, conseguir a liderança do mercado inicial é quase impossível.

Mas essas mesmas pessoas também se tornam um risco assim que você atravessa o abismo. Na verdade, são basicamente responsáveis por arrastar as empresas de volta para o abismo. O problema é que elas não conseguem parar de vender para o visionário, uma venda baseada na entrega de implementações personalizadas do produto completo. Tais contratos são cumpridos tirando de Pedro (o esforço de P&D do mercado tradicional) e dando a Paulo (o esforço de P&D personalizado necessário para alcançar o objetivo de compra dos visionários). O segredo para deixar o abismo para trás é parar os desenvolvimentos personalizados e institucionalizar o produto completo, criar um conjunto de padrões que o mercado inteiro possa dar suporte ou, pelo menos, um segmento dele. Esse esforço do mercado tradicional coloca necessariamente uma tensão enorme no departamento de P&D, que não deve ser distraído com outra iniciativa feroz e maluca. E por isso um vendedor pioneiro sem supervisão pode ser altamente disruptivo e desmoralizar uma organização de vendas que procura deixar o abismo para trás.

Agora temos dois grupos de pessoas (pioneiros da tecnologia e vendedores pioneiros) que são fundamentais para o sucesso no mercado inicial e um risco em potencial após a empresa ter atravessado o abismo. Eles devem ir para outro lugar, mas quem tem competência para isso? E como o conhecimento deles será substituído? Quem assumirá o que eles deixaram para trás? E é moral ou justo, dadas as contribuições deles até o momento?

Não conheço nenhuma firma de alta tecnologia que não tenha lutado com esses problemas cedo ou tarde. E como você responde afeta não só as pessoas que saíram, mas as que ficaram. É hora de ter um desempenho impecável.

Vamos lidar primeiro com a questão moral. E tomemos como nosso ponto de partida o fato de que deixar de lado pessoas, abalando suas vidas e ameaçando sua sobrevivência, é imoral, mesmo que negócios e governos façam isso constantemente com naturalidade. Então os problemas passam a ser de previsão, acordos, planejamento e preparação. Os pioneiros não querem sossegar, isso não é interessante para eles nem para as empresas que os empregam. Se no início do processo todos puderem reconhecer esse fato e reconhecer que o principal objetivo dos pioneiros, a manifestação final de seu sucesso, é criar um mercado tradicional, assim se arriscando por um trabalho, então podemos ter uma base razoável para avançar. Como avançaríamos e com qual tipo de programa de compensação é uma discussão que precisamos adiar até sabermos como fazer a transição para o outro lado da equação, para os colonizadores que esperamos que entrem e ocupem o lugar.

Claro, a verdade é que os colonizadores não ocupam os lugares dos pioneiros, mas outros, aqueles que os pioneiros nunca ocuparam nem escolheriam. Todavia, os colonizadores assumem a lista de empregados, inclusive as posições da gerência, autoridade e, por fim, o orçamento. E eles constroem barreiras, criam leis (chamadas procedimentos) e fazem todas as coisas que levaram a várias guerras entre pioneiros e colonizadores no Velho Oeste. E tudo isso prenuncia o mercado pós-abismo, repleto de pragmáticos que gostam de pessoas confiáveis e previsíveis, e abominam surpresas. Mas dificilmente combina bem com os pioneiros. Como então podemos fazer a transição entre esses dois grupos de modo ordenado?

Duas Descrições do Novo Trabalho

O segredo é iniciar a transição introduzindo duas novas funções durante o esforço de travessia do abismo. A primeira pode ser chamada de *gerente de segmento do mercado-alvo* e a segunda, *gerente do produto completo*. Ambas são posições temporárias e de transição, sendo um degrau para uma função mais tradicional. Especificamente, a primeira leva a gerente de marketing do setor e a última, a gerente de marketing do produto. São "funções reais", para as quais as pessoas são contratadas e são mais adequadas para seus cartões de visita. Mas, durante a transição do abismo, devem receber responsabilidades únicas e exclusivas, e, enquanto estão nesse modo, usarão seus títulos "provisórios".

O gerente de segmento do mercado-alvo tem um objetivo em sua curta vida profissional: *transformar uma relação do cliente visionário em um ponto inicial em potencial para entrar no mercado vertical tradicional do qual participa o cliente em particular.* Se o Citicorp é o cliente, então é o setor bancário; se é a Aetna, é a seguradora; se é a DuPont, são os produtos químicos; se é a Intel, são os semicondutores. É como funciona o processo.

Assim que fechar uma conta como parte de um programa de vendas do mercado inicial, atribua o gerente de segmento do mercado-alvo como seu gerente de contas com uma carta-branca que o permita fazer amplo contato com o cliente para realmente aprender como o negócio dele funciona.

- Ele deve participar de exposições, ler publicações específicas, estudar sistemas e se reunir com pessoas, primeiro com uma conta, depois nas empresas afins.

- Ao mesmo tempo, deve assumir o comando da supervisão do projeto do visionário, dividi-lo em fases viáveis, supervisionar a introdução e a implantação das fases iniciais, ter feedback e adesão dos usuários finais do sistema, e trabalhar com o time da casa para derivar (spin off) as implementações localizadas que dão a esses produtos iniciais valor e impacto imediatos.

- Ao mesmo tempo, ele trabalhará com o gerente do produto completo para identificar quais partes do projeto visionário são adequadas ou não para um papel contínuo no produto completo. A meta é isolar os elementos exclusivos como modificações específicas da conta, certificando-se de não sobrecarregar a equipe de desenvolvimento contínuo do produto com o peso de mantê-los.

Não se espera que o gerente de segmento do mercado gere uma receita extra com a conta em curto prazo, pois os visionários acreditam que já pagaram por cada possível modificação que possam precisar. Mas o que se espera é o seguinte:

- *Promova a implementação da primeira instalação do sistema.* Isso não só contribui com o resultado final, como também promoverá a compra de outros sistemas; também assegura o início de uma base de referência no segmento do mercado-alvo. A maioria das empresas fracassa terrivelmente nesse sentido, tanto que, mesmo vários anos depois, suas contas "grandes" iniciais não podem ser referenciadas. O importante aqui é lembrar que os pragmáticos não estão interessados em saber para quem você vendeu, mas quem implementou totalmente o sistema.

- *Durante a implementação da primeira instalação, introduza na conta seu próprio substituto, um gerente de contas real, um "colonizador", que atenderá o cliente, espera-se, por muitos anos no futuro.* Note que, nesse ponto, o vendedor pioneiro ainda está no cenário, ainda tem relação com o visionário, mas a operação diária da conta está inteiramente nas mãos de outras pessoas. Em geral é bom para o pioneiro, porque ele reconhece isso como o tipo de trabalho do colonizador que visa o detalhe de que ele não gosta.

- *Use o projeto contínuo para criar uma ou mais extensões do produto completo que resolvam um problema de todo o setor de modo elegante.* A intenção é absorver esses elementos na linha de produtos ou distribuí-los informalmente como uma extensão sem suporte por meio de um grupo de usuários. De qualquer maneira, tais complementos aumentam o valor do produto no segmento do mercado-alvo e criam uma barreira para a entrada de qualquer outro revendedor.

Gerente do Produto Completo

Embora o gerente de segmento do mercado-alvo esteja buscando essas tarefas no ambiente do cliente, há uma função interna correspondente a ser preenchida. Aqui, a transição é do gerente de produtos para o gerente de marketing do produto via função de curto prazo do gerente do produto completo. Esses títulos são tão parecidos que chegam a se confundir, portanto, vamos classificá-los em três funções muito diferentes.

Um *gerente de produtos* normalmente é membro da organização em desenvolvimento responsável por garantir que o produto seja criado, testado e enviado dentro do orçamento, do prazo e segundo as especificações. É um trabalho interno altamente focado, fazendo a ponte entre as organizações de marketing e em desenvolvimento, exigindo um alto grau de competência técnica e experiência em gestão de projetos. Às vezes, as empresas tentam transferir essa função para a organização de marketing em um esforço de visar mais o mercado, mas é inevitável que essa tática encontre resistência na organização, como em uma rejeição no transplante de órgãos, assim, raramente tem sucesso.

Um *gerente de marketing do produto* sempre é membro da organização de marketing, nunca do grupo de desenvolvimento, e é responsável por fazer a ponte entre o produto e o mercado, tornando-o acessível ao canal de distribuição. Isso inclui todos os elementos no plano de travessia do abismo, desde a identificação do cliente-alvo até o preço. É um trabalho externo altamente focado.

Nem todas as organizações separam os gerentes de produtos dos gerentes de marketing do produto, mas deveriam. Combinar as duas funções quase sempre resulta em uma ou outra não sendo feita. E o tipo de pessoa que é boa em uma raramente é boa na outra.

Agora, o *gerente do produto completo* será um gerente de marketing do produto. O motivo para ele ainda não ser é que a função em si é prematura. Até que exista uma travessia bem-sucedida do abismo, não haverá relações de mercado significativas ou entendimentos para orientar o futuro do desenvolvimento do produto. O gerente de segmento do mercado-alvo partiu em busca de algo que ainda não foi achado. Por outro lado, o que existe é uma lista de relatórios de erros e solicitações de melhoria do produto que cresce com uma velocidade desconcertante. *Se essa lista não for gerenciada corretamente, derrubará toda a organização em desenvolvimento.*

A tática, que de uma só vez assegura o devido gerenciamento da lista e inicia um processo de transição do pioneiro para a cultura do colonizador no desenvolvimento interno, é tirar a lista do gerente de produtos e dá-la ao gerente do produto completo. Qualquer pessoa na função de gerente de produtos nesse ponto quase certamente é um pioneiro, do contrário, a organização poderia não ter chegado onde está hoje.

O problema com essa pessoa continuando a direcionar o futuro do produto é que ela será orientada, sobretudo, por seus próprios comprometimentos pessoais assumidos com os clientes iniciais. Infelizmente, esses compromissos muitas vezes não são o melhor interesse do cliente do mercado tradicional. Com certeza, algum dia eles devem ser atendidos, a menos que sejam negociados, mas, em qualquer caso, não devem ter uma prioridade automática acima de outros problemas. O que deve se tornar um fator cada vez mais prioritário para o trabalho de desenvolvimento contínuo do produto é a contribuição com o mercado tradicional, a satisfação do cliente pragmático, ou seja, a contribuição com o produto completo, daí a necessidade de transferir a autoridade.

Assim que essa autoridade é transferida, a empresa deu um passo importante, deixando de ser orientada a produtos e passando a visar o mercado. Conforme o mercado tradicional ganha forma e as necessidades desse mercado podem ser cada vez mais identificadas com pesquisa e entrevistas com clientes, então o gerente do produto completo avança na função que ele sempre teve no cartão de visitas, ou seja, gerente de marketing do produto. Tentar dar esse passo antes no ciclo de desenvolvimento do mercado é loucura. Durante o mercado inicial, é importante visar o produto e dar grandes poderes ao gerente de produtos. Mas não conseguir retornar esses poderes agora é igualmente insano, pois, a cada dia que a lista de melhorias fica nas mãos dos pioneiros originais, a empresa corre o risco de assumir outros compromissos de desenvolvimento para finalidades não estratégicas.

Resumindo, no início do período do abismo, a organização é dominada por pioneiros, com grandes poderes investidos em alguns vendedores e gerentes de produtos importantes. No momento em que estamos no mercado tradicional, esse poder deve ser distribuído muito mais amplamente entre os maiores gerentes de contas, gerentes de marketing do setor e gerentes de marketing do produto. Essa disseminação gradual de autoridade basicamente frustrará os colaboradores pioneiros, obstruindo sua capacidade de tomar decisões rápidas e ter respostas imediatas. Por fim, fará com que eles queiram sair.

Lutando com a Compensação

Isso nos leva de volta à questão fundamental por trás de tanta frustração e desapontamento que se desenvolvem nas organizações de alta tecnologia: a compensação. Poucos programas de compensação reconhecem as contribuições fundamentalmente diferentes dos pioneiros e dos colonizadores, ou seus cargos muito diferentes na empresa, assim, esses programas acabam discriminando um ou outro. E, quando os programas de compensação discriminam, quando desencorajam os exatos comportamentos que deveriam ser recompensados ou vice-versa, as organizações fracassam.

Lidar com todas as complexidades do planejamento de esquemas de compensação adequados está além do escopo deste livro e das capacidades do autor. Posso apenas delinear alguns princípios gerais que parecem importantes para seguir.

Vamos começar no lado das vendas. Uma venda pioneira típica envolve um grande acordo de compra, baseado na implementação bem-sucedida de um projeto-piloto. Mesmo que exista um grande pagamento inicial, o modo racional de reservar o negócio adia o reconhecimento do pedido maior até que ele tenha sido confirmado. Isso pode levar, pelo menos, um ano e, durante esse período, teremos introduzido muitos novos participantes na conta, inclusive o gerente de segmento do mercado-alvo. O vendedor pioneiro pode até ter saído a essa altura. Digamos que um gerente de contas acabou de entrar na firma, herdou a conta e, de repente, entra um monte de pedidos. Qual é o modo adequado de compensar?

O importante é diferenciar a *penetração da conta* e o *desenvolvimento dela*. O último é uma realização mais previsível, menos notável e mais contínua. Aqui, a compensação deve premiar coisas como longevidade da relação, satisfação do cliente e previsibilidade do fluxo da receita. Ela deve ser propagada com o tempo e não amontoada em pagamentos excepcionais. Como existe um alto valor associado a coisas intangíveis da relação contínua com o cliente, grande parte se baseia em uma fórmula de objetivos, não em puro desempenho da receita. Se o capital próprio faz parte da estratégia de compensação da empresa inteira, é um componente razoável também, contanto que seja repartido lentamente, com as partes maiores no final do programa, para recompensar a estabilidade do serviço. Mas, no geral, como não é uma função de alto risco, não deve ter uma alta recompensa também.

Por outro lado, a compensação da penetração da conta por um vendedor pioneiro deve ter as características opostas. Deve fornecer muitas recompensas imediatamente, em reconhecimento de um único resultado principal: conseguir a conta. É um evento extraordinário que poucos conseguem e é essencial ao determinar o futuro de longo prazo da firma. É um esforço de alto risco, com muitas improbabilidades contra o vendedor. Portanto, merece uma compensação extraordinária. Em contrapartida, se foi conseguida prometendo mais do que pode ser entregue, talvez mais do que a pessoa sabia, não é o comportamento que queremos recompensar. Assim, apesar de querermos que a compensação seja apresentada no início, também deve haver uma verificação da realidade no processo. Como o vendedor pioneiro estará avançando, não queremos um programa de compensação estendido; e assim o capital próprio é um veículo inadequado, por exemplo. Considerando tudo isso, a situação defende um programa de bônus mais do que uma abordagem de comissão direta, algo lucrativo para o vendedor, baseado em eventos e encerrado com relativa rapidez, não muito preso ao reconhecimento da receita que o pioneiro precisa para ultrapassar as boas-vindas para conseguir as recompensas ou os ganhos em um incrível prêmio em dinheiro, em um momento em que a empresa simplesmente não consegue ter esse tipo de gasto.

Compensando os Desenvolvedores

Dando lugar ao desenvolvimento, há um desafio de compensação restante: os tecnólogos pioneiros. Eles se dividem em dois grupos: os verdadeiros fundadores da empresa e os primeiros funcionários. Os primeiros apostaram suas vidas no jogo do capital próprio e não há mais nada a discutir, exceto esperar que, lendo este livro, eles aprenderão a conservar uma grande parte de seu capital para financiarem a travessia do abismo. Os últimos têm um problema real.

Eles podem apontar com precisão o fato de que criaram grande parte do produto principal. Assim, caso tal produto se torne um sucesso do mercado tradicional, eles sentem que devem ter uma fatia maior dos ganhos. O fato é que eles não têm e a verdade é que, francamente, eles não a merecem também. O sucesso do mercado tradicional, como debatemos em detalhes, é uma função do produto completo, não do produto principal, e é um grande esforço em equipe.

O que os tecnólogos pioneiros têm direito é uma fatia maior dos retornos do mercado inicial, porque é na verdade o produto principal que orienta o sucesso. O problema é que, normalmente, o dinheiro é muito apertado nesse período, não há nada para descartar na forma de recompensa. Portanto, o capital próprio é o recurso habitual. É um compromisso, para dizer o mínimo, pois o capital próprio deve ser reservado para as pessoas que atravessam o abismo e se mantêm; não é o papel ideal dos pioneiros, mas ainda é uma ocorrência mais frequente do que sair da empresa.

Resumindo, a compensação indevida desperdiça dinheiro e desmotiva as pessoas. Para serem apropriados para a alta tecnologia, os programas de compensação devem levar em conta as diferenças entre desempenho desejado nos mercados inicial e tradicional, assim como os tipos de pessoas que podem ser chamadas para realizar esses desempenhos e a probabilidade de que algumas precisarão deixar a empresa bem antes de alcançar uma lucratividade significativa. Se pudermos separar essas questões e propor uma distribuição adequada de recompensas, poderemos evitar muita agonia e perda da dinâmica que acompanham a maioria das travessias do abismo. Se continuarmos a operar como fazemos hoje, insistiremos na construção de organizações em conflito, imaginando por que elas não são mais produtivas.

Decisões de P&D: Dos Produtos aos Produtos Completos

No início deste livro, definimos a travessia do abismo como a prioridade do marketing fundamental na alta tecnologia. Na metade, estabelecemos que a institucionalização do produto completo era a estratégia essencial para ter êxito nesse esforço. Assim, é justo terminar vendo o impacto do marketing do produto completo na P&D de longo prazo.

P&D *é* alta tecnologia. O resto é secundário. Como setor industrial, antes de mais nada, visamos a tecnologia. No devido tempo, aprendemos a criar produtos, depois mercados, então empresas para dominar esses mercados. Mas começa com a tecnologia. "Construa um produto e ele virá", parafraseando o filme *Campo dos Sonhos*. Esse é nosso sonho fundamental, a dinâmica que orienta todo o resto.

O problema é que ultrapassamos o sonho. Os produtos, os mercados e as empresas que criamos se desenvolveram para gerar demandas contínuas e legítimas sobre nós e não temos escolha, exceto atendê-las. E, assim que esse cenário inicia, a P&D não foca mais o produto genérico. Deve se tornar uma *P&D do produto completo*.

Tal pesquisa é orientada não pelo laboratório, mas pelo mercado. Não começa com a tecnologia criativa, mas com uma segmentação criativa do mercado. Ela não entra nos prótons e nos processos, mas nos hábitos e nos comportamentos. Ela não "vai onde nenhum homem esteve antes", como o capitão da nave *Enterprise*, mas, como T. S. Eliot, encontra o fim de toda sua exploração, que é "chegar onde iniciamos/e conhecer o lugar pela primeira vez". Ela prefere montar suas criações a partir de tecnologias e produtos existentes, não inventar novos do zero. Seus heróis são menos parecidos com Albert Einstein, que desenvolveu um universo inteiro em sua própria cabeça, e mais parecidos com George Washington Carver, que descobriu mais de 300 usos diferentes para o amendoim.

Sem coisas estonteantes. Não é de admirar que seja tantas vezes ignorada. Na verdade, a palavra que a alta tecnologia usa para a P&D do produto completo é *manutenção*. E as pessoas atribuídas são… bem, do tipo zelador. Ninguém de alto nível quer se aproximar disso.

Pelo contrário, os desenvolvedores de alto nível correm para criar mais inovações descontínuas, inundando o mercado com mais tecnologia do que ele pode absorver e reclamando o tempo todo sobre como os ciclos de vida do produto estão ficando cada vez menores, ou seja, eles jogam quase inteiramente à esquerda do abismo, em uma repetição sem fim dos mercados iniciais que nunca atravessam e chegam no mercado tradicional. Os ciclos de vida do *produto* estão realmente ficando menores, mas os ciclos do *produto completo* têm a mesma duração de sempre. Pergunte à Adobe sobre o Photoshop ou à Apple sobre o Mac.

Uma Disciplina Emergente

A P&D do produto completo é uma disciplina emergente. Ela representa um tipo de convergência entre o marketing de alta tecnologia e o do consumidor, em que, pela primeira vez, as ferramentas do último podem ter um uso significativo para resolver os problemas do primeiro. Vejamos dois exemplos: grupos de foco e estudos da embalagem.

Conforme a inovação fica cada vez mais contínua, grupos de foco, que são praticamente inúteis ao orientar o desenvolvimento de um mercado inicial, tornam-se ferramentas eficientes. O motivo para isso é que, agora, a proposta do produto fundamental já está no mercado e foi absorvida. Até que seja assim, os consumidores se envolvem muito tentando antecipar o valor e o uso de um novo produto de alta tecnologia. Mas, quando a proposta é estabelecida, a ferramenta se torna eficiente. Especificamente, ela pode ser usada para direcionar a extensão e a modificação de uma linha de produtos existente para atender às necessidades especiais de um segmento do mercado-alvo. Nesse contexto, os consumidores apenas precisam lidar com derivados relativamente menores de uma entidade conhecida, algo bem dentro de sua expertise. Mas as informações retornadas são valiosas.

Considere outra disciplina que hoje é muito mais avançada no mercado do consumidor do que na alta tecnologia: a embalagem. Como setor, consideramos esse item como nada mais que a pintura da caixa, o logo, a capa. Mas a embalagem não ocorre só no lado de fora, mas dentro, e o objetivo de uma boa embalagem é assegurar uma experiência bem-sucedida de cara, uma área que pede mais atenção de pesquisa na alta tecnologia. Pense quanto dinheiro poderia ser direcionado para fins melhores que hoje é empregado em serviços de suporte caros, tudo porque nossos produtos são embalados de modos confusos ou estúpidos.

Agora, esses esforços (grupos de foco e estudos da embalagem) estão localizados por tradição no departamento de marketing. Mas, na alta tecnologia, o marketing é ignorante demais para conduzir o veículo. O que parece ser uma simples mudança para o generalista pode, de fato, ultrapassar um limite fundamental da tecnologia de uma maneira bem inadequada. Ou, por outro lado, o que parece impossível de conseguir pode realmente ser um subproduto de um ajuste menor. Em qualquer caso, a engenharia deve ser um parceiro direto no esforço ou será um desperdício. Não é só pesquisa de mercado nem desenvolvimento do produto, é a P&D do produto completo e implica um novo tipo de cooperação entre organizações tradicionalmente separadas.

Deixando para Trás este Livro

Em nossa despedida, vamos relembrar o que vimos durante este livro. Começamos isolando uma falha fundamental no Modelo de Marketing da Alta Tecnologia predominante, ou seja, a noção de que um rápido crescimento do mercado tradicional poderia seguir continuamente o sucesso do mercado inicial. Analisando as características dos visionários e dos pragmáticos, conseguimos ver que um desenvolvimento muito mais normal seria um período de pouco a nenhum crescimento no abismo. Esse período foi identificado como arriscado, dando às empresas incentivo para atravessá-lo o mais rápido possível.

Adotando tal passagem rápida como nossa carta-branca, embarcamos em busca de uma estratégia e conjunto de táticas para realizá-la. O princípio estratégico fundamental era iniciar um tipo de invasão do Dia D, focado em um segmento-alvo altamente específico em um mercado tradicional. As táticas para implementar essa invasão foram fixadas em quatro grupos.

Para começar, tivemos que *visar o ponto de ataque*, que significou isolar nossos clientes-alvo e o motivo convincente para comprar. Depois tivemos que *reunir a força de invasão*, construída em torno do produto completo e dos parceiros e aliados necessários para se tornar realidade. O próximo passo foi *definir a batalha*, criando sozinhos nossa concorrência e posicionamento, nesse contexto, como facilidade de compra. Por fim, tivemos que *começar a invasão*, escolhendo nosso canal de distribuição pretendido e definindo nosso preço para termos um poder motivacional nesse canal.

Neste capítulo, vimos desde as táticas imediatas de travessia do abismo até os comprometimentos maiores feitos na fase do pré-abismo do crescimento de uma organização, evitando com isso paralisar o sucesso da aventura do pós-abismo. Isso me leva ao fim da estrada. Espero que possa ser o começo da sua.

Apêndice 1

Modelo de Desenvolvimento do Mercado de Alta Tecnologia

O livro *Atravessando o Abismo* foi publicado pela primeira vez em 1990. Cinco anos depois veio o *Dentro do Furacão*. Esse livro concluiu a pesquisa de como os mercados de alta tecnologia se desenvolvem de ponta a ponta, desde o mercado inicial, cruzando o abismo, até a pista de boliche, furacão e rua principal. Este pequeno apêndice mostra uma visão geral desse material para ajudar os leitores a colocarem a travessia do abismo em um contexto maior.

MODELO DE DESENVOLVIMENTO DO MERCADO DE ALTA TECNOLOGIA

O Modelo do Marketing da Alta Tecnologia informa que existem cinco "estados" pelos quais um mercado passa desde seu início até a assimilação total. Veja como cada um ocorre:

- **Mercado inicial:** A base de clientes é composta de apaixonados por tecnologia e visionários que procuram ficar à frente de uma oportunidade ou um problema iminente. O produto completo nem chega perto de estar concluído, portanto, as vendas iniciais são estruturadas como projetos em que o revendedor do produto se compromete a fazer qualquer coisa necessária para a oferta funcionar no caso de uso do cliente visionário. Em geral, nesse contexto, os parceiros são grandes revendedores de sistemas ou fazem a integração do sistema com uma relação estabelecida com a empresa cliente e as pessoas que apoiam esse esforço para manter a relação. Os projetos são vendidos via vendas diretas, com o revendedor disruptivo na liderança porque é quem capturou a imaginação (e o orçamento) do visionário. Normalmente esses negócios não levam em conta o preço porque o visionário antecipa ter um retorno enorme no investimento e quer pagar para chegar lá com a mais alta qualidade na maior velocidade. Não existe concorrência ainda, portanto, a resistência vem do status quo e de todos os pragmáticos e conservadores que acreditam que apostar cedo em uma inovação disruptiva é loucura. O disruptor e os conservadores, por outro lado, apostam que podem fazer uma diferença dez vezes maior em uma métrica crítica do desempenho e que fazer isso mudará o jogo.

- **Abismo:** Sem comentários. Como diz a música do Simply Red: "Se você ainda não me conhece..."

- **Pista de boliche:** É uma extensão do mercado inicial na travessia do abismo para os segmentos de mercado adjacentes em que há uma sobreposição com a comunidade boca a boca do cliente-alvo ou o ecossistema de parceiros que entrega o produto completo. As táticas para conquistar o próximo nicho são as mesmas para atravessar o abismo, mas o tempo e o esforço necessários diminuem conforme você consegue aproveitar as realizações anteriores. Quando os novos segmentos amadurecem, eles podem se desenvolver como mercados de nicho independentes ou se unir durante a próxima fase de desenvolvimento dentro do furacão. Contanto que estejam na fase da pista de boliche, o canal de distribuição estará mais focado no valor que no volume, o preço ainda manterá uma recompensa acima do ponto de preço da commodity e a posição competitiva ainda estará estruturada em termos de interseção entre a expertise do domínio entregue pela alternativa titular do mercado e o valor do desempenho entregue pela alternativa do produto de última geração.

- **Furacão:** Representa uma "mudança de estado" drástica no mercado, algo como passar do estado líquido para o gasoso (pensando bem, para concluir a analogia, você poderia dizer que atravessar o abismo representou uma conversão do gelo em água). O cliente-alvo fica muito mais genérico quando setores inteiros da economia passam a adotar todos ao mesmo tempo. O motivo convincente para comprar é que agora a nova tecnologia é vista como uma infraestrutura obrigatória, como mostram os exemplos dos PCs, celulares, impressoras a laser, sites, notebooks, smartphones e tablets. Agora o produto completo pode ser montado no ponto de venda, com parceiros ajustando ativamente seus esforços para assegurar uma fácil integração em cada novo lançamento dos produtos da plataforma subjacentes. As parcerias se tornam hierárquicas, com algumas empresas tendo um status altamente privilegiado (Microsoft e Intel nos anos 1990, Google e Apple na última década). A distribuição é por um canal de baixo custo e maior alcance que pode atender os níveis de serviço necessários para fazer a oferta começar a funcionar. O preço de referência não é mais definido pelo líder de mercado, mas pelas mudanças para o provedor de commodity de baixo custo, ou seja, os produtos "sobem" de preço em relação ao piso, não "baixam" em relação ao teto. O posicionamento competitivo não se baseia mais no desempenho dos casos de uso visados, mas foca, em grande parte, o desempenho do preço do produto com o status da fatia de mercado geral da empresa. Ainda é possível fazer o jogo do nicho aqui, mas o produto completo tem que ter um alto diferencial para resistir à erosão do preço da commodity. Conquistar a principal fatia de mercado, sobretudo se está baseada em uma tecnologia patenteada com altos custos de transferência, cria um enorme valor para o acionista, como analisado em detalhes no livro *The Gorilla Game* (1999).

- **Rua principal:** O furacão é caracterizado por taxas de crescimento de dois dígitos, inicialmente até três. Isso dura o tempo necessário para implementar a primeira geração de infraestrutura em grande parte do cenário. Depois, o mercado muda para um ritmo mais sustentável, caracterizado por um crescimento cíclico, não temporal, com taxas de um dígito. A oferta da commodity ainda não é diferencial, aproveitando uma estratégia de excelência operacional para visar o comprador de baixo custo. Por outro lado, as ofertas de valor agregado utilizam uma estratégia intimista do cliente para visar segmentos de mercado com uma receita opcional, capaz de pagar um pouco mais para ter um pouco mais. Esses "extras" se encaixam no produto completo existente sem um esforço adicional (chamamos isso de estrutura resultante de um "produto completo + 1") e normalmente é avaliado como um complemento de 10%–15% para o preço base, em geral com uma margem de lucro cinco a dez vezes maior que o produto básico. Na verdade, muitas vezes tal produto é subsidiado para conseguir um fluxo de caixa contínuo baseado em consumo, com os smartphones sendo um exemplo claro. O canal ideal para essas ofertas é o autosserviço porque, embora as margens sejam ótimas, a receita absoluta é menor, portanto, qualquer tipo de despesa geral acaba com os lucros. O posicionamento competitivo é baseado na missão (para líderes ou produtos da marca que têm altos custos de transferência) ou no diferencial da oferta da commodity com base em algum atributo secundário, não na funcionalidade central, como é normal. É uma era em que, para a funcionalidade do básico, "bom o bastante" é bom o bastante.

Como se pode ver, cada fase do mercado recompensa uma abordagem muito diferente. As abordagens em si são bem familiares. O desafio é alinhar a empresa com a abordagem certa chegando a um consenso sobre o estado atual do mercado. Isso pode ser desafiador durante as transições de estado do mercado, pois nem o estado nem o melhor momento de converter são óbvios. Esta é a principal lição aprendida nas últimas duas décadas: é melhor fazer uma aposta coerente, com todos remando na mesma direção e estar errado (porque você pode mudar o curso rapidamente) do que adiar ou hesitar (porque nada se aprende e temos um retorno abaixo do ideal em cada etapa do caminho).

Nem é preciso dizer que há muita coisa para examinar aqui. Portanto, se seu mercado e estratégia precisam dessa abordagem, é provável que você deva comprar o livro *Dentro do Furacão*. É uma ótima companhia para o livro que você tem em mãos.

Apêndice 2

Modelo das Quatro Engrenagens para a Adoção do Consumidor Digital

Atravessar o abismo é um modelo B2B, sem desculpas. Onde quer que exista um trabalho pesado necessário para colocar uma tecnologia disruptiva no mercado, as instituições devem desempenhar um papel ativo no início do ciclo, daí a ampla aplicação da abordagem. Dito isso, conforme cada vez mais tecnologia é implementada, fica mais possível que uma inovação disruptiva possa proliferar sem o envolvimento direto de um suporte institucional. Bem-vindo ao mundo do Google, do Facebook, do YouTube, do Skype e famílias.

Essas empresas também passaram pelo processo de adoção, é como elas deixaram legiões de concorrentes para trás, mas não cruzaram um abismo para tanto. Ao contrário, a jornada lembra mais uma nova oferta CPG (bens de consumo embalados), em que a experimentação e o teste dos mercados vêm seguidos dos lançamentos do produto e de promoções em massa do mercado. Mas, mesmo aqui, o digital é diferente.

A adoção online é mais bem caracterizada em termos de quatro atividades fundamentais:

1. Conseguir negociações
2. Engajar os usuários
3. Monetizar o engajamento
4. Contar com a fidelidade

Chamamos esse modelo de Quatro Engrenagens, cada uma tendo uma contribuição fundamental para dimensionar uma empresa digital. Assim, o processo é tudo, menos uma progressão linear da Engrenagem 1 até a Engrenagem 4. Veja o que acontece.

Primeiro vem o engajamento. Você pode criar uma experiência digital (ou mediada digitalmente) que seja convincente e diferenciada o bastante a ponto de os usuários finais quererem repeti-la, espera-se, por muitas vezes? Tal repetição estabelece um padrão de consumo, a primeira base fundamental para um mercado em massa. Você descobriu, pelo menos, alguns cachorros que comerão a ração e gostam dela.

Assim que a engrenagem do engajamento começa a girar, é hora de introduzir a engrenagem da aquisição. As duas interagem, uma modificando a outra, conforme buscamos responder o segundo grande desafio enfrentado pela empresa jovem: a experiência convincente pode ser dimensionada? Isso significa crescer em demanda (integrar novos usuários, basicamente os que querem algo mais ou algo diferente de sua área inicial). Dimensionar sempre requer modificar a oferta e modificar a oferta sempre tem um impacto no dimensionamento (embora nem sempre feliz). Não é para os fracos.

Dito isso, há uma luz no fim do túnel ou, bem, um ponto de virada. Tais momentos são a chave para a adoção do consumidor quando ele é B2B. Antes de conseguir, todos os esforços para dimensionar requerem abastecer com um combustível extra; se você corta o fornecimento de combustível, o sistema volta ao estado inicial. Mas, depois de passar do ponto de virada, o sistema se estabiliza mais uma vez em torno de um novo status quo e avança para que você atinja a nova posição "certa". Ainda é possível estragar tudo (pergunte aos investidores da rede Myspace ou do Groupon), mas é preciso um esforço real.

Dado esse contexto, a meta da fase de adquirir/engajar no ciclo de vida do consumidor é passar do ponto de virada o mais rápido possível. Na web, dependendo do tamanho do mercado-alvo, isso pode requerer engajar centenas de milhares, até milhões, de usuários a caminho de objetivos ainda mais ambiciosos. Não se pode prever realmente quando o ponto de virada chega (ele aparece no espelho retrovisor), mas, quando acontece, quando você sente o mundo te empurrando para frente, não para trás, então desejará ativar a engrenagem do recrutamento, se ainda não o fez.

Contar com a fidelidade envolve um "hiperengajamento" com uma pequena minoria de consumidores, mas com voz ativa que já tenha demonstrado uma tendência para converter e persuadir em seu nome. Eles fazem isso porque acreditam tanto em você e no que está fazendo que se tornaram parte de sua própria identidade. Eles não são pagos, na verdade, isso seria um insulto; agem assim porque isso faz parte de quem eles são, mudando a dinâmica inteira da situação. É por isso que Simon Sinek fala, em suas conferências TED muito visualizadas sobre inovação, que a meta de uma empresa inovadora não é negociar com clientes que precisam do que você tem (na verdade, é a meta das empresas mais estabelecidas, e deveria ser), mas negociar com clientes *que acreditam no que você acredita.*

O grau de recrutamento de um cliente se manifesta em três estados. No nível mais alto, é o comportamento de conversão que vemos aqui. É o segredo de um marketing viral, em que seu custo de aquisição do cliente cai porque os clientes existentes atuam como sua melhor campanha de marketing. Pense como sendo o equivalente de uma métrica de lealdade do cliente (NPS) de 9 ou 10 ("Com certeza eu recomendaria isso a um amigo").

Um estado inferior do recrutamento, mais semelhante a um NPS 7 ou 8 ("Provavelmente eu recomendaria isso a um amigo"), não estimula um marketing viral, mas assegura a retenção do consumidor. Equivale a uma preferência pela marca bem estabelecida; quando eu compro cerveja é Heineken ou Beck sem álcool. Não recomendo nenhuma marca, mas são sempre minha escolha. É o nível de recrutamento necessário para evitar a rotatividade.

Quando o recrutamento fica abaixo desse nível, agora mais próximo da pontuação 1 a 6 ("Eu teria reservas ao recomendar isso a um amigo"), pode sinalizar qualquer coisa, desde uma abertura até uma mudança e total deserção. De fato, na base da faixa, provavelmente indica uma reação contrária à conversão, que é tão ruim quanto entrar no marketing do consumidor, como no filme de 2004, *A Dieta do Palhaço,* do McDonald's.

No modelo do consumidor, a meta da engrenagem do recrutamento é, no mínimo, manter a rotatividade abaixo, digamos, de 2% ao mês (fornecendo um valor do ciclo de vida do cliente em cerca de quatro anos) e mais positiva, durante a fase de crescimento

Modelo das Quatro Engrenagens para a Adoção do Consumidor Digital

da categoria, alavancando para ter um hipercrescimento. Você começa a trabalhar na engrenagem do recrutamento assim que sente confiança de que as engrenagens do engajamento e da aquisição estão ativas, buscando usar sua aceleração para passar do ponto de virada antecipado.

Tudo isso nos leva à quarta engrenagem final, a monetização. Embora a travessia do abismo seja certamente um modelo pré-pago, as quatro engrenagens representam uma abordagem do tipo "URL" (não *localizador de recursos uniformes*, mas "Universal agora, Receita Logo depois"). A maioria dos grandes sucessos da internet do consumidor na primeira década deste século seguiu essa abordagem, introduzindo a engrenagem da monetização muito depois no jogo, em alguns casos não até terem se vendido para um mecanismo de monetização (YouTube para o Google, Instagram para o Facebook, Tumblr para o Yahoo!).

A principal ideia aqui é que a monetização, independentemente de quando foi introduzida, reduzirá a velocidade das outras três engrenagens. Se você chama cedo ou rápido demais, é como pressionar a embreagem em um câmbio manual, o motor perde velocidade. O jeito é variar a engrenagem de monetização de modo a minimizar e absorver seus efeitos atrasados, aumentando de novo o motor com velocidade total no menor tempo possível. Nesse contexto, o objetivo secundário é determinar o preço ideal para os retornos atuais e futuros, um conjunto de experimentos sem fim que deve se adaptar continuamente conforme a concorrência e a inovação reestruturam o cenário.

Essas são as quatro engrenagens. Embora tenham se desenvolvido inicialmente de forma independente, e em certo sentido com uma distinção contrária a partir do modelo de travessia do abismo, seguindo em frente, acredito que as duas serão requeridas cada vez mais em um tipo de movimento convergente, em que os movimentos da sociedade gerarão ondas de adoção em massa e o marketing institucional encontrará meios de investir e capitalizar com eles. Isso utilizará equipes de gestão para seguir dois cursos em paralelo, com o curso B2C na frente, pois, como há uma tração comprovada nas quatro engrenagens, não há nenhum material para alimentar o mecanismo da monetização. Esse padrão tem maior possibilidade de surgir em áreas em que interesses públicos/privados e o financiamento se cruzam, como em assistência médica, educação e serviços públicos, onde o usuário e o comportamento institucional têm papéis produtivos.

Índice

Símbolos

3D, impressão, 21

A

abismo, 6
  travessias, 90
abordagem, 16
  Evel Knievel, 86
  horizontal, 90
  peixe grande, lago pequeno, 85
  responsiva, 111
aceitação, 10
ações
  corajosas, 169
  decisivas, 169
  no mercado, 19
afirmação
  competitiva, 201
  da posição, 194
agenda corporativa, 169
agente de mudança, 24
alianças
  estratégicas, 154
  táticas, 155
Ambiente de Computação Unificado, 154
apaixonado por tecnologia, 37
aplicação universal, 44
apoio, 173
aprendizado de máquina, 156
atendimento ao cliente, 42
atributos de valor, 175
avaliações comparativas, 169
avanços no setor, 199

B

B2B2C
  business to business to cosumer, 114
B2B, mercado, 140
baixos custos de troca, 179
base de mercado, 27
base de referência, 76
bases de conhecimento, 152
beibers, 110
benefícios, 14
Better Place, 181–183
big data, 157
Bill Davidow, 133
boca a boca, 83
boliche, estratégia, 49
Brickstream, 49
bússola do posicionamento competitivo, 171
BYOD
  política
    Bring your own device, 146

C

cadeias de valor, 164
canais de distribuição, 204
capacidade econômica, 181
capitalista abutre, 77
capital próprio, 229
caracterizações, 110
carro elétrico, 9
caso de uso, 114
CA Technologies, 51
ceticismo, 173
checklist, 121
Ciclo de Vida de Adoção da Tecnologia, 10–15
  reformulação, 20
ciclos de decisão, 153
classes
  de clientes
    Chefes de departamento, 204
    Engenheiros, 204
    Executivos, 204
    Operadores/proprietários de pequenos negócios, 204
    Usuários finais, 204
cliente-alvo, 121
  caracterização, 111

clientes
  atuais, 33
  futuros, 33
  suporte técnico, 150
colonizadores, 235
comerciantes, 66
commodity
  materiais primários, 23
compensação, 242–244
competência tecnológica, 22
comportamento, 10
comprador
  corporativo, 205
  econômico, 113
  e vendedor
    princípios, 44
  pragmático, 77
  técnico, 113
compreensão dos
    problemas, 172
comprometimento, 196
  mínimo
    produto completo, 139
compromisso, 77
comunicação, 35
  componentes principais, 189
  afirmação, 189
  Comunicações, 189
  evidência, 189
  Feedback e ajuste, 190
  espaço, 198
comunicações via satélite, 26

comunidade online, 151
conceitos, 14
concorrência, 169–171
  criar, 168
concorrentes de referência, 178
concorrentes tradicionais, 76
configuração mínima, 133
conservadores, 110
consumidor, 12
contínua x descontínua,
    inovações, 11
CPG
  bens de consumo
    embalados, 257
crescimento, 32
critérios competitivos, 167
CRM
  Customer Relationship
    Management, 152
curva de aprendizado, 60
curva em sino, 13
  outra falha, 22
  primeira falha, 20

D

dados
  amostra de, 109
  de participação, 107
  falta de, 108
decisão
  de alto risco, 106–108
  de compra, 14
  de comunicação, 170
  financeira, 222–226
  organizacional, 232–236

definição de batalha, 167
demanda, 12
  residual, 22
descontinuidade, 24–25
desenvolvimento da
    conta, 243
desenvolvimento
    organizacional, 220
Dia D
  meta, 88
  objetivo, 88
  ponto de ataque, 78
diagrama de rosca, 164
dimensão
  horizontal, 172
  vertical, 173
dinâmica de grupo, 221
dinamismo, 17
disciplina
  da lucratividade, 229
  da rentabilidade, 223
dispositivos móveis, 152
disrupção, 145
distribuição, 123
  para o cliente, 204
  veículo, 203
Documentum, 91–95
domínio do mercado, 138
domínios de valor, 171
  empresa, 171
  mercado, 171
  produto, 171
  tecnologia, 171
DropBox, 176–178

Índice

E

e-commerce, 207

economia digital, 156

efeito de adesão natural, 16

embalagem, 248

  estudos da, 247

empresa

  operante, 126

  pós-abismo, 222

engajamento, 167

engrenagem

  da aquisição, 258

  da monetização, 261

  do engajamento, 258

  do recrutamento, 259

ERP

  Enterprise Resource
    Planning, 154

escolha de compra, 170

estágios do mercado, 32

estágios fundamentais, 185

estratégia

  de comunicação, 196

  de desenvolvimento do
    mercado, 119–124

  de marketing, 32

  de segmentação, 106

evolução, 24

experiência

  empreendedora, 27

F

fabricantes, 66

facilidade de compra, 184

faixa de interesse, 172

finanças, 220

financiamento, 77

  de risco, 230

fluxo de caixa

  contínuo, 75

  negativo, 76

  positivo, 75

força de invasão, 164

Fortune 500, revista

  lista anual das maiores
    corporações
    norte-americanas, 92

freemium, modelo, 207

G

gamificação, 151

geeks, 110

gerente

  de produtos, 239

  de segmento do
    mercado-alvo, 236

  do produto completo, 236

  marketing do produto, 239

  produto completo, 240

  segmento do
    mercado-alvo, 236

gestão das expectativas, 46

góticos, 110

H

grau de recrutamento, 260

Grupo do Abismo, 105

grupos de foco, 248

hackaton de marketing

  "maratona de programação",
    159–160

hardware, 90

história comercial, 199

I

IaaS

  infraestrutura de data center
    como serviço, 64

imagens marcantes, 109

impacto estratégico, 203

imprensa comercial, 199

infraestrutura, 70–72

Infusionsoft, 158–160

inovação

  contínua ou sustentável, 10

  descontínua, 106

  descontínuas ou
    disruptivas, 10

  disruptiva, 176

  fundamental, 42

  tecnológica, 199

insight, 40

Instalação e Depuração, 140

inteligência artificial

  algoritmos, 156

interfaces auxiliares, 76

intuição fundamentada, 109–110

investimento, 76

real, 195

Invisalign, 112

iPad, 17–18

Iridium, 26

J

janela de oportunidade, 17

K

KISS, filosofia, 165

L

lançamento do produto completo, 197

lançamentos contínuos, 179

liderança real, 175

Lithium, 150–153

lucros reais, 88

M

maioria inicial, 10–14

pragmáticos, 53–58

maioria tardia, 10–15

conservadores, 58–62

margens de lucro, 15

marketing, 32

ações, 32

apaixonados, 40

de alta tecnologia, 35–47

domínio, 171

definição, 33

de nicho, 93

de relacionamento, 205

de retenção, 159

do produto completo, 132

exemplo, 113

horizontal, 91

online, 158

promocional

aprendizado de máquina, 207

segmentação comportamental, 206

vertical, 90

matriz de ideias, 228

melhoria na produtividade, 24

melhorias inovadoras, 42

mercado, 33

alternativo, 176

categoria, 34

conectar, 132

criação, 164

definição, 33

de negócios

dados, 113–114

do consumidor

dados, 113–114

existente, 107

inicial, 4

problemas, 48

livre, 164

separado, 34

sustentável, 48

tamanho, 126

tradicional, 52–62

iniciar, 78–80

vertical, 91

mercado-alvo, 110

Microsoft, 86–88

IBM, 87

mídia vertical, 200

modelo de desenvolvimento, 225

Modelo de Marketing da Alta Tecnologia, 16–17

modelo financeiro, 62

modernização, 12

monopólio virtual, 17

motivo de compra, 132

Motorola, 26

Movimento do Fabricante, 21

Mozilla, 160

mudança de comportamento, 12

N

nicho, 79–88

normas comportamentais, 222

novos produtos, 10

O

objetivo

corporativo, 203

de compra, 155

estratégico, 32

Índice

oferta
da infraestrutura
naturalmente
horizontais, 90
especializada, 156
tradicional, 176
oportunidade, 62
de mercado, 198
Oracle, 62
organização pré-abismo, 222

P

PaaS
software de plataforma
de implantação e
desenvolvimento como
serviço, 64
padrão da indústria, 71–72
padrões comuns, 162
padronização, 54
paradigmas, 107
paradoxo, 25
parceiros e aliados, 123
patrocinadores, 168
P&D, 220
manutenção, 247
pesquisa e
desenvolvimento, 15
pedido de compra, 82
penetração da conta, 243
pequenos negócios, 211
perfil
de valor, 171
psicográfico, 106

psicológico, 15
social, 15
pioneiros, 233
da tecnologia, 234
vendedores, 234
planilhas, 224
plano
comercial, 77
de negócios, 227
ponto de ataque, 78
Dia D, 78
pontuação, 122
posição de liderança, 17
posicionamento, 183–189
checklist, 201
processo, 189–190
processo dinâmico, 190
potencial de investimento, 190
pragmáticos, 110
praticidade, 14
preço, 123
baseado na concorrência, 213
baseado no custo, 213
baseado no valor, 213
combustível, 203
para cliente, 212–214
para distribuição, 216–217
para revendedor, 214–216
princípio da proporção
"peixe no lago", 145
problemas, 144
produção terceirizada, 230
produtividade, 42

produto
alternativo, 176
aumentado, 133
competitivos, 168
completo, 35
modelo, 133
planejamento, 138
pragmáticos, 137
disruptivo essencial, 146
em potencial, 134
esperado, 133
genérico, 134
principal, 147
programa
de comunicação de
marketing, 232
de softwares
naturalmente verticais, 90
promessa do marketing, 140
proposta de valor, 168
com potencial, 145
convincente, 133
prosperidade, 32
protocolos, 23
próximo cliente-alvo, 124
psicográficos, 32
publicidade digital, 156

Q

quatro engrenagens, 258

R

razão analítica, 108

reação em cadeia, 35

realidade virtual, 21

receita de longo prazo, 77

recompensa ilusória, 65

recompensas, 32

recursos internos, 57

referência cruzada, 180

referências, 14

relações de confiança, 190

relações preferenciais, 19

remarketing, 51

reservas, 75

resposta direta, 207

retardatários
  céticos, 65–67
  influência, 65

risco onipresente, 65

riscos comerciais, 42

Rocket Fuel, 155–157

ROI
  retorno no investimento, 227

S

SaaS
  software como serviço, 64

Salesforce.com, 96–99

segmentação
  comportamental, 206

segmentação, limites, 127

segmento
  alvo, 110
  de conquista, 120
  de mercado, 105

segmentos
  de mercado
    comunicação, 34

Segway, 180–183

serviços, 33
  digitais, 207

setor
  de alta tecnologia
    marketing, 12
  industrial, 246
  tecnológico, 87

sistemas operacionais, 90

slogan do anúncio, 194

solução, 60
  competitiva, 168

suporte
  ao cliente, 150
  dos componentes, 11
  externo, 144

T

taxa de penetração, 227

tecnologia de ponta, 71–72

tecnologia OTT
  over-the-top, 161

tecnólogos, 35
  pioneiros, 244

telepresença, 54

tempo, 126

Tesla, 9

teste do elevador, 190

Theodore Levitt, 133

tipos psicográficos
  básicos, 185

tomada de decisão, 108

transição do abismo, 174

transição entre segmentos, 68

U

usuário final, 113

V

valor agregado, 38

vaporware, 49

VAR
  revenda com valor
    agregado, 56

variáveis de mercado, 79

veiculação digital, 150

venda
  baseada em provocação, 205
  de soluções, 205
  transacional, 207

Vendas 2.0, 208

visão de longo prazo, 88

visionários, 40–45
  idealistas, 40
  identificar, 46

vitória do design, 210

VMware, 99–103

VRML
  linguagem para modelar
    mundos virtuais em
    3D, 21

CONHEÇA OUTROS LIVROS DA ALTA BOOKS

Todas as imagens são meramente ilustrativas.

CATEGORIAS
Negócios - Nacionais - Comunicação - Guias de Viagem - Interesse Geral - Informática - Idiomas

SEJA AUTOR DA ALTA BOOKS!

Envie a sua proposta para: autoria@altabooks.com.br

Visite também nosso site e nossas redes sociais para conhecer lançamentos e futuras publicações!

www.altabooks.com.br

ALTA BOOKS
E D I T O R A

/altabooks • /altabooks • /alta_books

Rua Álvaro Seixas, 165
Engenho Novo - Rio de Janeiro
Tels.: (21) 2201-2089 / 8898
E-mail: rotaplanrio@gmail.com